互联网经济
与会计创新策略

刘真真　孙　颖　梁会芳　著

哈尔滨出版社
HARBIN PUBLISHING HOUSE

图书在版编目（CIP）数据

互联网经济与会计创新策略／刘真真，孙颖，梁会
芳著. -- 哈尔滨：哈尔滨出版社，2025. 3. -- ISBN
978-7-5484-8467-7

Ⅰ. F275. 2

中国国家版本馆 CIP 数据核字第 202513AZ38 号

书　　名：**互联网经济与会计创新策略**
HULIANWANG JINGJI YU KUAIJI CHUANGXIN CELÜE

作　　者：刘真真　孙　颖　梁会芳　著

责任编辑：滕　达

出版发行：哈尔滨出版社（Harbin Publishing House）

社　　址：哈尔滨市香坊区泰山路 82-9 号　邮编：150090

经　　销：全国新华书店

印　　刷：北京鑫益晖印刷有限公司

网　　址：www. hrbcbs. com

E - mail：hrbcbs@ yeah. net

编辑版权热线：（0451）87900271　87900272

销售热线：（0451）87900202　87900203

开　　本：880mm×1230mm　1/32　印张：5.5　字数：123 千字

版　　次：2025 年 3 月第 1 版

印　　次：2025 年 3 月第 1 次印刷

书　　号：ISBN 978-7-5484-8467-7

定　　价：58.00 元

凡购本社图书发现印装错误，请与本社印制部联系调换。

服务热线：（0451）87900279

前　言

在互联网经济的大潮中，会计领域正经历着深刻的转型与革新，这是一场由数字技术引领的变革，它不仅改变了会计信息的记录与处理方式，更重塑了会计职能的核心价值。会计，这一传统上被视为企业运营"后端"的职能，在互联网经济的推动下，正逐步走向前台，成为连接业务、驱动决策的关键力量。互联网经济的开放性、互动性和平台化特征，为会计信息的获取提供了前所未有的便利。数据的来源更加多元，信息的处理更加高效，分析的手段更加丰富。在这样的背景下，会计不再仅仅是对过去经济活动的记录，而是成为预测未来、指导决策的得力助手。会计信息的实时性、准确性和全面性，直接关系到企业资源的优化配置和市场竞争力的提升。面对这一变革，会计行业必须积极拥抱创新，以适应新的市场环境。一方面，要深化会计与信息技术的融合，利用大数据、人工智能等先进技术，提升会计信息的处理效率和分析能力。另一方面，要推动会计职能的拓展和升级，从传统的核算型会计向管理型、战略型会计转变。这要求会计从业者不仅要具备扎实的会计专业知识，还要掌握一定的信息技术和数据分析能力，成为企业数字化转型的推动者和实践者。在互联网经济中，会计信息的保密性和安全性也面临着严峻的挑战。随着数据泄露、网络攻击等事件的频发，如何确保会计信息的安全，成为会计行业必须面对的重要课题。一方面，要加强会计系统的安全防护，提升数据加密、访问控制等技术的应用水平;另一方面,要建立健全内部控制体系,规范会计信息的处理和传递流程,确保信息的真实性和完整性。同时,会计教育与培训也需紧跟时代步伐,培养适应互联网经济需求的会计人才。这要求教育机构不仅要传授会计专业知识,还要注重培养学生的信息技术素养、数据分析能力和创新思维。要通过校企合作、产学研结合等方式,为学生提供更多实践机会,让他们在实践中学习、在创新中成长。

本书共七章,系统研究了互联网经济下会计领域的全面创新与实践。第一章至第三章深入探讨了会计理论与制度的创新,以及会计信息化建设和大数据会计的应用,分析了会计创新的内涵、互联网经济对会计理论的影响,以及会计信息系统的基础架构、关键技术及其与企业资源计划的集成和大数据在会计数据分析中的应用等。第四章至第六章则聚焦于云计算、人工智能和区块链等新兴技术在会计服务中的创新应用,包括云计算在会计外包中的应用、云计算会计服务的成本效益、人工智能会计的最新技术进展,以及区块链在会计审计中的潜在应用等。第七章则讨论了互联网经济下会计服务模式的创新实践,如远程服务、共享平台及定制化服务等。

目　　录

第一章　互联网经济下会计理论和会计制度创新研究

第一节　会计创新的内涵与意义

一、互联网经济下会计创新的内涵

(一)会计理论创新

传统会计理论,面对数字经济、云计算、大数据、人工智能等新兴技术与业态的崛起,显现出一定的局限性,迫切需要进行理论创新以适应新的经济环境。会计基本假设,作为理论体系的基石,在互联网经济下得到了拓展:会计主体不再局限于实体企业,虚拟组织、网络平台等也成为重要考量;持续经营假设需融入对瞬时市场变化与业务灵活性的考量;会计分期则因交易活动的及时性与数据处理的自动化而面临调整;货币计量虽仍为核心,但非货币信息如用户活跃度、品牌影响力等的价值评估日益重要。会计要素的重新定义成为创新的关键一环,资产、负债、所有者权益、收入、费用和利润等传统要素,在互联网经济中需融入数字资产、数据权属、用户价值等新型概念,反映企业价值创造的新来源。同时,会计准则的修订紧随其后,旨在确保会计信息的透明度、相关性与可靠性,既要适应快速变化的市场环境,又要保持会计信息的国际可比性。技术创新驱动会计流程与方法革新,如云会计、智能财务系统的应用,实现了数据实时采集、处理与分析,为管理会计、预测会计提供了强大支撑。这不仅提升了会计工作的效率与准确性,还促进了财务决策的科学化与智能化,使企业能够更好地把握市场脉搏,优化资源配置,增强竞争力。

(二)会计方法创新

在互联网经济高速发展的当下,会计方法正经历着前所未有的变革与创新,不仅体现在传统财务分析、成本计算及预算管理的精细化与智能化上,更深刻地融入了大数据、云计算等现代信息技术,推动了会计实践的全面升级。大数据分析技术的应用,使得企业能够从海量数据中快速提取有价值的信息,实现财务数据的精准捕捉与实时分析,为管理层提供了更加及时、全面的决策支持。云计算平台则通过资源共享与弹性扩展,降低了企业的 IT 成本,同时增强了数据处理的安全性与灵活性,使得会计流程得以高效运行,促进了财务管理的高效化与透明化。随着企业社会责任意识的提升,环境(Environmental)、社会(Social)与公司治理(Governance)即 ESG 因素,已成为衡量企业可持续发展能力的重要指标。会计领域开始探索如何将 ESG 信息有效融入财务报告体系,通过定量与定性相结合的方式,全面披露企业在环境保护、社会责任履行及内部治理结构等方面的表现。这不仅响应了利益相关者对于透明度与责任感的诉求,也为企业构建了更为全面的价值评估框架,引导资源向更加注重长期价值创造的企业流动。

(三)会计管理创新

企业内部,通过构建财务共享服务中心,实现了会计流程的标准化、集中化与自动化,有效降低了运营成本,提升了会计处理的效率与准确性。财务与业务的一体化融合,打破了传统部门壁垒,使会计信息能够即时反映业务动态,为管理层提供决策支持,增强了企业的市场响应速度与灵活性。同时,利用大数据、云计算等技术手段,对海量财务数据进行深度挖掘与分析,为企业战略规划、预算管理、成本控制等提供了科学依据,推动了会计管理向智能化、精细化转变。外部监管层面,行业协会与相关部门积极搭建信息共享平台,促进了会计信息的透明化与标准化,为监管提供了有力抓手。通过平台,人们不仅可以实现对企业会计信息的实时监控,及时发现并纠正可能存在的问题,还能够促进行业内会计实践的交流与学习,提升整体会计水平。此外,加强跨部门、跨行业的数据联动,构建风险预警机制,有效防范了会计舞弊与财务风险,保障了市场经济的健康运行。会计管理创新还体现在对会计准则与制度的持续完善上,以适应互联网经济带来的新业务模式与交易方式。

(四)会计信息技术创新

会计软件的持续升级,不仅极大地提升了会计信息的处理速度与准确性,还优化了会计工作流程,使得烦琐的手工记账逐渐被自动化、智能化所取代。云计算技术的引入,为会计信息的存储、传输与共享开辟了新天地,企业可以随时随地访问财务数据,实现远程协作,极大地提高了工作效率与灵活性。大数据技术的应用,则让会计分析迈入了更深层次。通过对海量数据的挖掘与分析,企业能够洞察经营活动的细微变化,预测市场趋势,为决策提供科学依据。区块链技术的融入,更是为会计信息的真实性与安全性筑起了一道坚固的防线。其去中心化、不可篡改的特性,确保了会计记录的完整性与透明度,有效防范了财务造假行为,增强了投资者与利益相关者的信任。此外,会计信息技术创新还推动了会计职能的转型与升级。会计人员不再局限于传统的记账与报表编制,而是更多地参与到企业的战略决策、风险管理等高层次工作中,成为企业价值创造的重要力量。会计信息的实时共享,也促进了业务部门与财务部门的紧密合作,共同推动企业向数字化、智能化方向迈进。

二、互联网经济下会计创新的意义

(一)提高会计信息质量与透明度

大数据、云计算等现代信息技术的深度融合,为会计领域带来了一场革命性的变革。企业得以实时捕捉、高效处理并深度分析海量会计数据,这一能力不仅极大地提高了会计信息的准确性,确保了每一笔交易的精确记录,还通过数据的全面整合,提升了信息的完整性,使得财务报表能够更全面、真实地反映企业的财务状况与经营成果。同时,信息技术的飞速发展加速了会计信息的生成与传递,确保了会计信息的及时性,使管理层能够迅速响应市场变化，做出更加精准的决策。互联网平台作为信息传播的新渠道，为会计信息的公开透明提供了前所未有的便利。企业通过网络平台发布财务报告、公告及重要财务信息，使得利益相关者，包括投资者、债权人、供应商等，能够轻松获取所需信息，对企业财务状况进行实时、全面的监督。这种信息披露模式的转变，有效降低了信息不对称带来的风险，增强了市场的公平性与透明度，促进了资源的优化配置。会计创新还体现在对会计信息披露标准的不断完善上，以适应互联网经济下信息传播的快速与广泛。人们通过制定更加严格、统一的披露规则，确保会计信息的可比性与可读性，进一步提升了会计信息的价值。此外，人们利用区块链等技术手段，构建安全、不可篡改的会计信息存储与传输体系，为会计信息的真实性与完整性提供了强有力的技术保障。

（二）推动会计行业转型升级

会计创新不仅重塑了传统会计的工作模式，更引领着会计行业向更高层次、更宽领域迈进。信息技术的飞速进步，特别是大数据、云计算、人工智能等技术的应用，为会计行业插上了智能化的翅膀。会计工作流程得以优化，烦琐的手工记账被自动化程序取代，数据的录入、处理、分析实现了高效与精准，会计工作效率因此大幅提升。会计人员得以从重复性的工作中解放出来，将更多精力投入到数据分析、财务预测等高价值任务中，会计工作的内涵与外延得到了极大的丰富。与此同时，互联网经济推动了会计行业服务模式的转型升级。会计服务不再局限于传统的数据处理与报表编制，而是向更深层次、更宽领域的财务咨询、税务筹划、风险管理等高附加值服务延伸。企业对于会计服务的需求，也从单一的财务记录转向了战略决策支持，会计行业因此获得了更为广阔的发展空间。面对互联网经济的新挑战，会计教育更加注重实践能力的培养与跨学科知识的融合，培养出既懂会计专业知识，又熟悉信息技术、具备创新思维的复合型人才，为会计行业的持续发展注入了新的活力。

（三）互联网经济下会计创新对经济社会的影响

会计信息的数字化、智能化处理，不仅极大地提升了会计信息的精准度与时效性，更为资源的优化配置提供了强有力的数据支撑。企业能够基于实时、全面的会计信息，做出更为科学合理的投资决策，这不仅促进了资本市场的高效运行，还加速了资金向高效益领域的流动，提升了整个经济体系的资源配置效率。会计创新亦是推动企业创新能力提升的重要引擎。通过深度挖掘会计数据，企业能够洞察市场趋势，识别潜在机遇，为产品研发、服务升级等创新活动提供精准导航。这种以数据为驱动的创新模式，不仅增强了企业的市场竞争力，还促进了整体经济结构的优化升级，为经济增长注入了新的活力。在经济社会治理层面，会计创新为监管机构提供了更为高效、透明的监督工具，使得经济活动的合规性、真实性得以更好保障。通过构建智能化的会计监管体系，可以及时发现并纠正市场中的不规范行为，维护市场秩序，促进经济社会的公平、公正与健康发展。

第二节　互联网经济下会计理论的创新

一、互联网经济下会计基本假设的拓展

(一)会计主体假设的拓展

传统会计理论中的会计主体假设,曾长期局限于单一、独立的经济实体范畴内,这一界定在过往的经济环境中发挥了重要作用。然而,随着互联网技术的迅猛发展,企业间的界限日益模糊,跨界融合与合作成为经济发展的新常态。在此背景下,会计主体假设的拓展显得尤为迫切与重要。互联网经济下,企业不再仅仅是孤立的实体,而是更多地嵌入到复杂多变的网络结构中。网络平台、虚拟组织等新兴经济形态不断涌现,它们以灵活的组织形式和高效的资源整合能力,打破了传统企业边界,促进了经济活动的全球化与虚拟化。因此,会计主体假设必须与时俱进,从单一企业扩展到涵盖网络平台、虚拟组织等的多元化经济实体,以更全面地反映和记录经济活动的全貌。这一拓展不仅有助于提升会计信息的完整性和准确性,还能为投资者、债权人等利益相关者提供更加真实、可靠的决策依据。在互联网经济中,信息透明度与及时性至关重要。拓展后的会计主体假设能够更好地适应这一需求,通过实时跟踪和记录跨组织、跨平台的交易活动,确保会计信息的全面披露和及时更新。同时,会计创新策略也应围绕互联网经济的特点进行相应调整。例如,利用大数据、云计算等先进技术,实现会计

信息的智能化处理与分析,提高会计工作的效率和准确性;构建基于互联网的会计信息系统,实现会计数据的实时共享与协同处理,促进会计信息的无缝对接与整合;加强会计人员的互联网思维与技能培训,提升其在复杂经济环境中的专业判断与决策能力。

(二)持续经营假设的拓展

在互联网经济浪潮的席卷下,市场环境变得日益复杂多变,企业间的竞争越发激烈,对传统会计理论的核心假设之一——持续经营假设提出了新的挑战。为适应这一变化,持续经营假设必须从原有的静态观念中跳出,转向一种更加动态、灵活的视角,深入考量企业在互联网环境下的生命周期及其各个阶段的特点。在此背景下,会计信息的作用不再局限于对历史数据的记录与反映,而应更多地聚焦于企业未来的盈利能力、偿债能力以及成长潜力。这要求会计信息系统具备更高的前瞻性和预测性,能够通过对市场趋势、消费者行为、技术革新等多元数据的深度分析,为利益相关者提供关乎企业未来发展状况的洞察。

会计创新策略应围绕以下几个方面展开:一是构建实时会计信息系统,实现数据的即时采集、处理与分析,确保会计信息的时效性和准确性;二是引入大数据、人工智能等先进技术,提升会计信息的处理效率和深度,挖掘数据背后的价值,为企业决策提供有力支持;三是强化管理会计的职能,通过预算管理、成本控制、绩效评价等手段,引导企业资源向更具潜力的领域配置,促进企业的可持续发展。

此外,还应注重会计信息的透明度和可比性,建立统一的信息披露标准,降低信息不对称,增强市场对企业的信任度。同时,鼓励企业主动披露非财务信息,如企业社会责任、环境保护、员工福利等,以更全面的视角展现企业的价值,帮助利益相关者更准确地评估企业的持续经营能力。

(三)会计分期假设的拓展

传统上,会计分期假设将企业经营活动划分为固定的时间周期进行核算,如年度、季度或月度,这在稳定的经济环境中行之有效。然而,互联网经济下,市场瞬息万变,业务活动频繁且多变,固定的会计分期已难以满足实时会计信息的需求。因此,会计分期假设的创新显得尤为关键。一方面,会计分期需向更加精细化的方向转变,以适应互联网经济对会计信息时效性的高要求。缩短会计期间,如采用周度、日度甚至实时报告,可以确保会计信息紧跟业务动态,为管理者提供即时决策支持,同时增强投资者与利益相关者的信心。这种灵活分期不仅提高了会计信息的透明度,还促进了企业内外部的信息流通与协同。另一方面,会计分期假设应结合企业具体的业务模式与特点,实现个性化定制。例如,对于项目制企业,会计分期可围绕项目生命周期进行划分,从项目启动、执行到收尾,每个阶段都作为一个会计期间,以准确反映项目成本、收益及现金流情况。对于订单制企业,则可根据订单接收、生产、交付等关键环节设定会计分期,确保会计信息与业务实质紧密相连,提高会计信息的准确性和相关性。此外,会计创新策略还应充分利用互联网技术的优势,如云计算、大数据、人工智能等,构建智能化的会计信息系统,实现会计数据的实时采集、处理与分析。这不仅能够支持灵活会计分期的实施,还能通过数据分析挖掘企业运营的深层规律,为预测决策提供依据。同时,加强会计人员的专业培训与技能升级,培养其适应互联网经济环境下会计分期变革的能力,也是实现会计创新不可或缺的一环。

(四)货币计量假设的拓展

随着虚拟货币、数字货币等新兴货币形态的涌现,货币的概念与边界被极大拓宽,促使会计领域必须重新审视并调整其货币计量的范畴。互联网经济不仅改变了交易的方式,更重塑了价值的内涵。企业价值不再仅仅局限于货币资产,用户数据、品牌声誉、知识产权等非货币资产成为衡量企业竞争力与潜力的关键指标。这些非货币资产虽难以用传统货币单位精确计量,却对企业价值创造起着至关重要的作用。因此,货币计量假设亟须拓展,以涵盖非货币资产的评估与计量,从而更全面、真实地反映企业的整体价值。会计创新策略应聚焦于构建多元化计量体系,融合货币与非货币指标,形成综合的价值评估框架。这要求会计信息系统升级,引入大数据、人工智能等技术,实现对非货币资产的有效识别、评估与记录。同时,建立非货币资产的价值评估标准与方法,确保计量的客观性与可靠性,为投资者、管理者等利益相关者提供更为丰富、准确的决策信息。此外,会计报告体系也应相应调整,增加非货币资产相关信息的披露,提升会计信息的透明度与决策相关性。可通过报表注释、附注等形式,详细阐述非货币资产的性质、价值、变动情况及对企业业绩的影响,帮助信息使用者全面理解企业价值构成,做出更为明智的决策。

二、互联网经济下会计要素的变革

(一)资产的定义与确认

传统会计中,资产被限定为企业拥有或控制的、预期能带来经济利益的有形资源,而无形资产的价值往往被低估或忽视。为适应互联网经济的新形势,会计理论必须进行创新,首要任务是拓展资产的范围,将无形资产正式纳入会计核算体系。这意味着,会计需重新认识并重视那些虽无形却对企业价值创造至关重要的资源,确保它们在企业资产负债表上得到应有的体现。此举不仅有助于全面反映企业的真实价值,还能引导管理者更加重视无形资产的培育与维护。同时,无形资产的评估方法成为会计创新的关键。由于无形资产具有独特性、不确定性及难以直接量化等特点,传统的资产评估方法往往难以适用。因此,需探索建立科学合理的无形资产评估体系,结合市场法、收益法、成本法等多种方法,综合考虑无形资产的使用寿命、未来收益潜力、市场竞争状况等因素,确保其能够被准确、公允地反映在财务报表中。此外,会计创新策略还应包括加强无形资产的信息披露与风险管理。可通过完善会计报表附注、建立无形资产专门报告等机制,提高无形资产信息的透明度与可比性,帮助投资者更好地理解企业价值构成与风险状况。

(二)负债的定义与确认

传统负债,如借款、应付账款等,已不足以全面描绘企业的债务全貌。网络平台交易保证金、虚拟货币负债等新兴负债形式,逐渐成为企业财务结构中不可或缺的一部分,这对会计理论提出了新的要求。为准确反映互联网经济下的企业负债状况,会计理论需对负债概念进行拓展,明确其涵盖范围。新型负债虽形态各异,但本质上均代表企业对外部的经济义务,应纳入负债范畴。同时,确立合理的确认条件,确保负债的确认既不过于保守也不过于激进,真实反映企业的债务水平。在互联网经济中,部分新型负债的价值可能随市场波动而变动,如虚拟货币负债。因此,会计需采用更加灵活、动态的计量方法,如公允价值计量,以准确反映负债的真实价值。此外,对于难以直接量化的负债,如网络平台交易保证金的潜在风险,应通过建立风险评估模型,合理估计其可能对企业财务状况的影响。会计创新策略应聚焦于构建适应互联网经济特点的负债管理体系,一方面,完善负债的确认与计量标准,确保财务报表能够真实、全面地反映企业的债务状况;另一方面,加强负债的风险管理,通过实时监控、预警机制等手段,有效防控负债风险,保障企业的财务安全。

(三)所有者权益的定义与确认

传统会计理论中,所有者权益作为企业资产扣除负债后的净值,主要聚焦于物质资产的量化。然而,在这一新经济形态下,无形资产如品牌、专利、技术以及人力资本成为企业价值创造的核心驱动力。这迫使会计理论必须重新审视并拓展所有者权益的定义,以适应经济环境的变迁。所有者权益的概念需向更广泛的范畴延伸,将人力资本、知识资本等非物质资产纳入其中。人力资本,即员工的知识、技能与创新能力,是现代企业不可或缺的宝贵资源。知识资本,则涵盖了企业的技术秘密、管理经验、客户关系等,它们共同构成了企业的核心竞争力。将这些要素视为所有者权益的一部分,能够更全面、真实地反映企业的整体价值。但如何将这类非物质资产合理确认并计量,成为会计创新的关键所在。对于人力资本,可探索建立基于员工贡献度、市场薪酬水平及企业发展前景的综合评估模型,以货币或非货币形式进行量化。知识资本的计量则更为复杂,需结合其潜在的经济利益、使用寿命及市场认可度等因素,采用合适的估值技术,如未来现金流折现法、市场比较法等。此外,会计创新策略还应注重构建与非物质资产特性相匹配的会计信息系统,实现数据的实时采集、处理与分析,为所有者权益的准确确认与动态调整提供技术支持。

(四)收入、费用和利润的确认与计量

平台经济的繁荣,使企业收入来源日趋多元化,广告收入、技术服务费、平台佣金等新型收入模式层出不穷。同时,企业的费用结构亦随之调整,技术研发、市场推广、数据维护等费用占比显著上升,利润分配机制也更加复杂多变。为应对这一变革,会计理论必须创新收入、费用及利润的确认与计量方法。对于跨期交易,应采用更为科学、合理的分摊机制,确保收入与费用在相应会计期间内准确匹配,真实反映各期经营成果。针对互联网平台型企业,需特别关注其收入和利润的可持续性,考虑用户活跃度、平台黏性、市场竞争力等因素,合理评估长期价值,避免短期波动对财务报表的过度影响。会计创新策略应聚焦于构建适应互联网经济特性的

会计要素确认与计量体系,一方面,完善收入确认标准,明确不同收入来源的确认时点与条件,确保收入确认的及时性与准确性;另一方面,优化费用分类与计量,细化费用项目,采用更精细的核算方法,以准确反映企业成本结构。同时,建立利润预测模型,结合市场动态与企业战略,合理预估未来利润趋势,为投资者与管理层提供前瞻性的财务信息。

三、互联网经济下会计信息披露与监管创新

(一)会计信息披露的模式与内容创新

传统模式因其滞后性、单一性及缺乏互动而显得力不从心,新型会计信息披露模式应运而生,展现出三大核心特征。实时信息披露成为常态,借助互联网技术的强大支撑,会计信息得以摆脱传统周期的束缚,实现即时更新与发布。这一转变不仅极大地提升了信息的时效性,还使得投资者能够迅速获取市场动态,做出更为精准的决策。多媒体信息披露形式丰富多样,图表、视频、动画等直观表达方式的运用,有效降低了会计信息的理解门槛,使复杂数据变得生动有趣,易于吸收。这种视觉化的呈现方式,增强了信息的可读性与吸引力,满足了不同信息使用者的个性化需求。互动信息披露机制的建立,打破了传统模式下信息披露的单向性,鼓励信息使用者与披露主体之间的双向沟通。通过在线问答、论坛讨论等形式,信息使用者能直接获取企业回应,增强了信息披露的透明度与有效性,同时也为企业提供了即时反馈,有助于其持续优化信息披露策略。在内容层面,会计信息披露不再局限于传统的财

务数据,而是向非财务信息领域拓展。企业社会责任、环境保护、员工福利等非财务指标的纳入,全面反映了企业的社会价值与可持续发展能力,为投资者提供了更为全面的企业价值评估视角。

(二)会计信息监管的目标与手段

在互联网经济快速发展的背景下,会计信息监管显得尤为重要,其核心目标聚焦于维护市场秩序、保护投资者利益以及推动企业可持续发展。为实现这一系列目标,监管部门需采取一系列创新策略与手段,以应对互联网经济带来的新挑战。加强法规制度建设是首要任务,可通过不断完善会计信息披露规范体系,明确企业信息披露的标准与要求,确保会计信息的真实性、完整性和及时性。这不仅为市场参与者提供了清晰的信息指南,也为监管部门提供了有力的法律依据,有效遏制信息造假、隐瞒等不法行为。监管部门应加大对虚假陈述、误导性陈述等违法行为的查处力度,提高违法成本,形成有效震慑。可通过定期审查、随机抽查、举报奖励等方式,构建全方位、多层次的监管网络,确保市场信息的透明与公正,保护投资者免受不实信息侵害。利用大数据、人工智能等先进技术手段,提升监管效率与精准度,是实现智能监管的重要途径。通过数据分析、模型预测等方法,监管部门能够实时监测市场动态,快速识别潜在风险,及时采取措施予以干预。同时,智能化技术的应用还能辅助监管部门进行深度分析,揭示会计信息背后的深层次问题,为决策提供科学依据。

（三）互联网经济下会计信息质量评价

在互联网经济时代，会计信息作为连接企业与投资者、债权人等利益相关者的桥梁，其质量至关重要。会计信息质量评价标准，涵盖真实性、准确性、完整性、及时性与公平性五大维度，为提升会计信息质量，需从以下几个方面着手评价并优化。

真实性强调会计信息的无偏性，确保信息未经过不恰当的干预或操纵，反映企业实际财务状况和经营成果。

准确性要求会计信息必须真实反映企业的经济状况与交易实质，准确无误地记录每一项经济业务，同时确保信息的完整性，不遗漏任何可能影响投资者判断的关键细节。这一标准的达成，依赖于严格的内部控制与独立的审计监督。

完整性要求会计信息必须全面、详尽地反映企业的所有经济活动和财务状况。这意味着，在会计记录中，不能遗漏任何一项经济业务，无论其大小或性质如何，都应被准确无误地记录下来。同时，信息的呈现也应完整无缺，包括所有的必要细节和背景信息，以便投资者能够全面了解企业的运营情况和财务状况。确保会计信息的完整性，是维护投资者利益、促进市场公平竞争的重要保障，也是企业建立良好信誉和形象的基础。

及时性则关乎信息的价值，在互联网经济下，市场瞬息万变，信息的及时更新成为关键。企业应利用现代信息技术，实现会计信息的实时处理与发布，确保投资者能够第一时间获取最新数据，做出迅速反应。

公平性意味着所有投资者在信息获取上应处于平等地位，避免信息不对称造成的投资劣势。这要求企业建立公开透明的信息披露机制,确保所有重要信息都能广泛传播,无差别地服务于所有利益相关者。

(四)会计信息披露与监管的协同发展

监管部门需强化对会计信息披露的监管力度,确保披露信息的真实性、准确性及完整性,为市场营造公平透明的信息环境。这要求监管部门不断更新监管手段,运用大数据、云计算等先进技术,实现对会计信息的实时监测与深度分析,及时发现并纠正信息披露中的偏差与错误,有效遏制虚假信息的传播,保护投资者免受误导。同时,企业作为信息披露的主体,应主动提升信息披露的质量,不仅满足监管要求,更要积极履行社会责任,向投资者提供全面、详尽、有价值的信息。这包括财务状况、经营成果、风险预测、战略规划等多方面内容,帮助投资者全面了解企业状况,做出明智决策。企业应建立健全内部控制体系,确保信息披露的及时性与准确性,树立诚信形象,增强市场信任。在此基础上,双方应充分利用互联网技术的优势,推动信息披露与监管的智能化、高效化。可通过构建智能信息披露平台,实现信息的快速传递与共享,降低信息披露成本,提高监管效率。利用人工智能、区块链等技术,增强信息的安全性与不可篡改性,保障信息披露的真实性与可靠性。

第二章　会计信息化建设
与数字化转型深化

第一节　会计信息化建设的基础架构
与关键技术

一、基础架构设计与实施

(一)硬件基础设施

在会计信息化建设的征途中,硬件基础设施作为基石,直接关乎系统运行的稳定性与效率,是支撑会计创新策略实施的物质基础。服务器作为数据处理的核心,其选择需根据企业规模与业务需求的差异进行权衡。对于中小型企业而言,塔式服务器以其易于管理、成本较低的特点成为优选;而中大型企业,面对海量数据处理需求,机架式服务器或刀片式服务器凭借其高密度、高性能的优势,更能满足高效运算与存储的要求。存储设备的选择同样至关重要,它决定了数据的安全性与访问速度。硬盘阵列通过冗余设计提升了数据可靠性,适合需要大容量存储且对数据安全有较高要求的场景;网络存储则以其灵活性与可扩展性,便于数据的远程访问与共享,适合分支机构众多的企业;固态硬盘以其读写速度快、能耗低的特点,逐渐成为追求高效数据处理企业的首选。此外,会计信息化建设还需配备充足的计算机设备,确保每位会计人员都能拥有高效的工作站,以支持复杂的会计软件运行与数据分析。同时,打印机等办公设备的配置也不可或缺,它们承担着会计凭证、报表等纸质文件的输出任务,是连接数字世界与物理世界的桥梁。

(二)软件平台选择

在互联网经济背景下,企业面临着快速变化的市场环境与日益复杂的业务需求,因此,在挑选会计软件平台时,必须综合考虑企业的发展战略、实际业务需求及预算约束,以确保所选平台能够与企业的发展步伐同频共振。市面上诸如用友、金蝶等成熟的会计软件,为企业提供了多样化的选择。这些软件通常涵盖了账务处理、财务管理、成本控制、预算管理等多个模块,能够满足企业不同层面的会计需求。企业在选择时,应结合自身业务特点,评估软件的功能是否全面、操作流程是否便捷、界面设计是否人性化,以确保软件能够真正贴合企业的实际应用场景。同时,软件的开放性、安全性和可维护性也是不可忽视的考量因素。开放性决定了软件能否与企业现有的 IT 系统无缝对接,实现数据的互联互通;安全性则关乎企业会计数据的安全与隐私保护,必须确保软件具备严格的数据加密和访问控制机制;可维护性则影响着软件的长期运行成本与升级迭代能力,企业应选择那些提供持续技术支持、定期更新升级的软件平台。在互联网经济推动下,会计信息化不仅要求软件平台具备强大的数据处理能力,还应支持云计算、大数据、人工智能等前沿技术的应用,以实现会计工作的智能化、自动化。

(三)网络环境下的会计信息化建设

网络环境下的会计信息化建设,正逐步成为会计行业发展的主流趋势,它要求企业紧跟时代步伐,充分利用现代网络技术的力量,推动会计信息的实时传递、高效共享与快速处理。构建稳定的内部网络是这一进程的基石,它不仅保障了数据传输的稳定性,还通过加密技术、访问控制等手段,确保了会计信息的安全性,为企业的财务数据安全筑起了一道坚实的防线。在此基础上,采用虚拟专用网络(VPN)技术,进一步打破了地域限制,使得远程访问与协同办公成为可能。会计人员无论身处何地,都能如同在办公室一般,安全、便捷地访问企业内部会计系统,进行账务处理、数据分析等工作,极大地提高了工作效率与响应速度。同时,随着移动办公、云计算等新兴技术的兴起,会计信息化建设迎来了新的机遇。移动办公技术的应用,让会计人员能够随时随地处理紧急财务事务,审批报销、查看报表等操作触手可及,会计工作的便捷性得到了前所未有的提升。而云计算的引入,则为企业提供了强大的数据存储与计算能力,无须自建数据中心,即可享受按需付费、弹性扩展的云服务,降低了 IT 成本,促进了会计信息的集中管理与高效利用。

(四)数据库技术在会计信息化中的应用

数据库技术作为会计信息化建设的基石,其选择与运用直接关系到会计数据的高效存储、快速检索与科学管理,对提升会计工作的效率与质量具有举足轻重的作用。在互联网经济的大潮中,企业面临着数据量的激增与数据类型的多样化,因此,合理选择和应用数据库技术,成为推动会计信息化进程的关键。在数据库的选择上,需综合考虑数据的一致性、完整性、安全性及可扩展性。一致性确保数据在多个应用或服务间保持同步与准确;完整性则通过约束条件、触发器等机制维护数据的准确与完整;安全性是数据库系统的命脉,需通过加密、访问控制等手段保护数据免受非法访问与篡改;可扩展性则要求数据库能够随着企业业务的发展而平滑扩容,满足日益增长的数据处理需求。关系型数据库,如MySQL、Oracle、SQL Server等,凭借其成熟的技术体系与广泛的应用基础,在会计信息化中占据主导地位。它们擅长处理结构化数据,支持复杂的事务处理与查询优化,为会计系统的稳定运行提供了坚实保障。然而,随着大数据技术的蓬勃发展,非关系型数据库,如MongoDB、HBase等,逐渐在会计领域崭露头角。这类数据库擅长处理半结构化与非结构化数据,如文本、图像、日志等,为复杂的数据分析与挖掘提供了新的可能。它们通过分布式存储与并行处理,有效应对了海量数据的挑战,为企业的财务决策提供了更加丰富与深入的数据支持。

二、关键技术研究

(一)会计信息系统安全与保密技术

面对信息化环境下错综复杂的内外部安全威胁,企业需构筑起坚固的安全防线,确保会计信息的万无一失。采用先进的加密算法,对会计信息进行加密处理,是保障数据安全的首道关卡。无论是数据在传输途中的穿梭,还是在存储媒介上的静置,加密技术都能为其披上隐形斗篷,让潜在的黑客与恶意软件难以窥探其真容。身份认证与权限控制机制,则如同会计信息系统的守门人,严格把控着系统的入口。系统通过多因素认证、生物识别等高科技手段,确保只有合法的用户才能踏入这片数据的圣地。同时,精细的权限划分,让每位用户只能触及自己职责范围内的信息,有效防止了敏感数据的泄露与滥用。而完善健全的安全审计机制,则如同一位全天候的监控者,默默记录着系统上的每一次操作。它不仅能够实时监控系统的运行状态,还能在安全事件发生时,迅速提供详尽的操作日志,为追溯源头、定位问题、采取措施提供有力依据。这种机制的存在,不仅增强了系统的安全性,也提升了企业对安全事件的应对能力。在互联网经济的推动下,会计信息化建设正以前所未有的速度向前迈进。然而,安全与保密的问题始终如影随形,成为制约其发展的关键因素。因此,企业需不断创新安全策略,将先进的技术手段与严谨的管理制度相结合,构建起全方位、多层次的安全防护体系。

(二)云计算在会计信息化中的应用

云计算作为互联网经济时代的一项颠覆性技术,将会计信息系统迁移至云端,不仅极大降低了企业在硬件设施与软件许可上的投资门槛,还通过集中化的运维管理,显著提升了系统的运行效率与维护便捷性。云计算的弹性伸缩能力,使得企业能够根据业务实际需求动态调整资源分配,无论是业务高峰期还是低谷期,都能确保会计信息系统的高效稳定运行,满足了企业快速响应市场变化的需求。在选择云服务提供商时,企业应全面考量其技术实力、服务稳定性、数据安全保障以及行业口碑等多方面因素。特别是数据安全与隐私保护,作为会计信息化建设的生命线,必须得到高度重视。企业应要求云服务提供商提供严格的数据加密、访问控制、备份恢复等安全措施,并与其签订详尽的服务合同,明确双方在数据安全上的责任与义务。同时,云计算环境下的会计信息化也面临着新的风险挑战,如数据泄露、服务中断、法律合规等。因此,企业需制定一套完善的风险应对策略,包括但不限于定期的数据安全审计、业务连续性计划、合规性检查等,以确保会计信息化进程在稳健的轨道上持续推进。此外,云计算还为会计创新提供了广阔的空间。借助云端的强大计算能力与丰富数据资源,企业可以探索智能化的财务分析、预测模型构建、自动化报告生成等高级应用,进一步提升会计工作的价值创造与决策支持能力。

(三)大数据技术在会计分析中的作用

在会计分析的广阔天地里,大数据技术大显身手。财务报表分析,这一传统而关键的领域,因大数据的加入而焕发新生。通过对历史财务数据的全面梳理与深度挖掘,企业能够揭示出隐藏在数字背后的经营规律,为未来的财务预测与规划提供坚实的数据支撑。成本控制,这一关乎企业盈利能力的关键环节,也在大数据的助力下变得更加精准。通过对生产、采购、销售等各个环节数据的实时监测与分析,企业能够及时发现成本异常,优化成本结构,实现降本增效。预算管理,作为连接战略与执行的桥梁,同样受益于大数据技术。通过对市场趋势、内部资源等多维度数据的综合分析,企业能够制订出更加科学、合理的预算方案,确保资源的有效配置与战略目标的顺利实现。而数据可视化技术,则如同大数据的魔法棒,将复杂的会计分析结果以直观、易懂的方式呈现出来。无论是趋势图、饼图还是仪表盘,都能让决策者一目了然地掌握关键信息,快速做出决策。这种直观性的提升,不仅降低了决策门槛,还促进了跨部门之间的沟通与协作,让会计分析成为企业统一上下共识的基石。

(四)人工智能与会计信息化的结合

在互联网经济的浪潮中,人工智能与会计的深度融合,不仅革新了传统的会计处理方式,更赋予了会计工作前所未有的智能化与高效性。通过集成先进的算法与模型,人工智能技术能够自动完成财务报表的编制,确保数据的准确性与时效性,极大地减轻了会计人员的工作负担,提升了报告的质量与效率。智能审计功能的实现,标志着会计监督进入了一个全新的阶段。人工智能能够运用复杂的分析手段,快速识别潜在的财务风险与合规问题,为企业的内部控制与审计流程筑起一道坚实的防线。同时,结合大数据的分析能力,人工智能还能提前预警市场波动、信用风险等外部威胁,为企业决策提供前瞻性的信息支持。机器学习与自然语言处理技术的融合,催生了智能会计助手这一创新应用。这些助手能够理解并解析复杂的会计语言与业务逻辑,为会计人员提供即时、个性化的业务指导与决策建议。无论是复杂的税务筹划,还是精细的成本控制,智能助手都能成为会计人员不可或缺的得力帮手,助力企业实现精细化管理,降低运营成本。人工智能技术的应用,不仅显著提升了会计工作的效率与准确性,更为企业的战略决策提供了强有力的数据支撑。

(五)数据挖掘与决策支持在会计信息化过程中的应用

数据挖掘技术,在会计信息化的浪潮中,犹如一盏明灯,照亮了企业数据海洋的深处,揭示出隐藏的业务规律与风险因素,为企业的决策航船指引方向。在互联网经济的广阔舞台上,这项技术正以其独特的价值,成为会计创新策略中不可或缺的一环。通过对企业内外部海量数据的深度挖掘与细致分析,数据挖掘技术如同一位智慧的侦探,能够洞察市场趋势、客户行为、成本构成等关键信息,为企业的财务预测、投资决策、成本优化等提供科学依据。它与决策支持系统的紧密结合,更是将数据的力量发挥得淋漓尽致。决策支持系统,作为连接数据与决策的桥梁,通过整合数据挖掘的结果,构建出直观、易用的决策界面,让企业管理者能够轻松获取关键信息,快速做出决策。更进一步,构建智能决策模型,是数据挖掘技术在会计信息化过程中的又一成果。这些模型,基于机器学习、人工智能等先进技术,能够自动分析数据,识别模式,预测未来趋势,甚至在某些情况下,实现决策的自动化与智能化。它们如同企业的智慧大脑,不仅提高了决策的效率与准确性,还促进了企业运营模式的创新与升级。

第二节 会计信息系统与企业资源计划 （ERP）的集成

一、会计信息系统与 ERP 集成的必要性及挑战

（一）集成的定义与优势

会计信息系统与企业资源计划（ERP）的深度融合，标志着企业财务管理迈入了一个全新的阶段，这一集成模式在互联网经济的推动下显得尤为关键。通过将会计信息系统无缝对接至企业的整体资源规划系统中，企业得以实现数据层面的全面共享与业务流程的高度协同，进而达到流程优化的目的。此种管理方式的创新，不仅消除了以往存在的信息孤岛现象，还极大提升了企业的运营效率，有效降低了管理成本，为企业的数字化转型奠定了坚实的基础。

集成后的系统展现出了多方面的显著优势。

其一，数据准确性得到了前所未有的提升。由于会计信息系统与 ERP 系统的数据实现了实时同步与共享，重复的数据录入工作得以避免，从而大幅减少了因人为操作而引发的数据错误，确保了财务信息的精确无误。

其二，业务协同能力显著增强。会计信息系统与 ERP 的集成，使得财务部门能够与其他业务部门实现更紧密的协作。无论是销售订单的处理、采购付款的审批，还是生产成本的核算，都能

在短时间内完成数据的传递与共享,极大地提升了企业的决策效率与响应速度。

其三,资源配置得以优化,企业竞争力随之提升。集成系统能够实时反映企业的资源状况,包括资金、库存、产能等,为管理层提供了科学的决策依据。通过精准的资源调度与优化配置,企业能够更有效地利用现有资源,降低运营成本,提升产品与服务的质量,从而在激烈的市场竞争中占据有利地位。

(二)集成过程中面临的挑战

1. 技术层面的挑战

在技术层面,会计信息系统与 ERP 集成面临的主要挑战包括系统架构的差异、数据格式的不同以及接口技术的复杂性。这些技术难题可能导致集成过程中数据丢失、系统不稳定等现象,给企业带来一定的风险。系统架构的差异是集成面临的首要挑战。会计信息系统往往专注于财务数据的处理和分析,而 ERP 系统则涵盖了企业的生产、销售、采购、库存等多个业务流程。这种差异导致两者在数据处理、业务流程管理等方面的架构存在明显不同,集成时需要解决架构兼容性问题,确保数据能够顺畅地在两个系统间流动。数据格式的不同也是一大障碍,会计信息系统和 ERP 系统可能采用不同的数据格式来存储和处理信息。在集成过程中,需要将这些不同的数据格式进行转换和映射,以确保数据的准确性和一致性。然而,数据格式转换过程中可能会出现错误或遗漏,导致数据丢失或失真,影响系统的正常运行和数据的准确性。接口技术的复杂性进一步增加了集成的难度。ERP 系统通常需要通过应用程序编程接口(API)与其他应用程序、服务或系统进行数据交换和通信。然而,不同系统之间的数据格式和标准可能存在差异,需要进行复杂的数据转换和映射工作。此外,随着技术的不断发展和业务需求的不断变化,API 也需要不断更新和维护,以确保数据的实时同步和准确处理。

2. 管理层面的挑战

随着信息技术的飞速发展,集成过程成为企业转型升级的关键环节。这一过程中,管理层面的挑战尤为突出,主要体现在组织结构调整、职责划分以及人员配备等核心方面。为适应互联网经济带来的高效、灵活与协同要求,企业不得不重新审视并优化自身的管理流程。这包括但不限于:对原有组织架构进行扁平化改造,减少决策层级,提高响应速度;同时,明确各部门在新体系下的职责边界,避免职能重叠与沟通障碍,确保集成后的管理系统能够流畅运转,实现资源的最优配置。在此基础上,人员配备成为另一大考验。企业需要依据新的业务模式与技术需求,选拔或培养具备跨学科知识、熟悉数字工具与平台操作的复合型人才。这不仅要求员工掌握传统的会计专业知识,更要具备数据分析能力、信息技术应用能力及创新思维,以应对互联网经济下复杂多变的市场环境。因此,加强对员工的持续教育与技能培训,提升其综合素质与适应能力,成为企业不可忽视的重要任务。

3. 数据层面的挑战

数据清洗、数据迁移与数据安全,构成了这一过程中的三大核心难题,它们不仅考验着企业的技术实力,更对企业在互联网经济下的会计创新策略提出了更高要求。

数据清洗,是确保数据质量的首要步骤。面对海量且来源多样的数据,企业需运用先进的算法与工具,剔除冗余、纠正错误、填补缺失,以保证数据的准确性、完整性和一致性。这一过程不仅关乎集成后系统的运行效率,更是企业决策精准度的基石。在互联网经济时代,数据的实时性与价值密度日益凸显,高效的数据清洗机制成为企业竞争力的重要组成部分。

数据迁移,则是将清洗后的数据安全、完整地转移至新系统的关键环节。此过程中,数据的丢失、重复或错误都可能对后续业务操作造成严重影响。因此,构建稳定可靠的数据迁移路径,采用分批迁移、并行处理等技术手段,确保数据在迁移过程中的完整性与准确性,是企业不可忽视的技术挑战。同时,合理规划迁移时机与策略,以最小化对日常业务运营的影响,也是企业需深思熟虑之处。

数据安全,则是贯穿整个集成过程的生命线。特别是在互联网经济背景下,企业核心信息的保护尤为重要。对于敏感数据,如财务信息、客户资料等,必须采取加密存储、访问控制、审计追踪等多重防护措施,确保数据在传输、存储、处理各环节的安全。此外,建立健全的数据安全管理体系,定期进行安全审计与风险评估,是维护企业数据安全的长效机制。

二、会计信息系统与 ERP 集成策略及实践

(一)集成策略制定

互联网经济的蓬勃发展,促使企业必须不断寻求管理效率与

运营成本的双重优化,以应对日益激烈的市场竞争。集成目标的设定,构成了这一进程的基石。它不仅聚焦于数据处理效率的提升,旨在通过信息技术的深度融合,实现数据的无缝流转与即时共享,从而加速决策过程,提升企业响应市场变化的能力。同时,降低运营成本也是重要考量,通过集成消除信息孤岛,减少重复劳动与资源浪费,确保每一分投入都能转化为企业的核心竞争力。此外,优化业务流程,促进部门间的协同合作,是集成目标中不可或缺的一环,它要求企业在集成过程中不断审视并改进自身的工作流程,使之更加符合互联网经济下的高效与灵活标准。选择合适的集成方式,则是实现这些目标的技术路径。模块集成、数据集成与接口集成等多种方式并存,为企业提供了丰富的选择空间。模块集成侧重于将会计信息系统作为 ERP 系统的一个组成部分,实现功能的深度整合;数据集成则强调数据的统一管理与共享,确保数据的准确性与一致性;而接口集成则通过标准化的接口协议,实现不同系统间的信息交换与互操作。企业需根据自身业务需求、技术架构及未来发展规划,灵活选择最适合的集成方式,确保集成的有效性与可持续性。制定集成时间表,则是确保集成工作按计划推进的重要保障。它要求企业详细规划集成过程的各个阶段,明确每个阶段的具体任务、责任分配与时间节点。通过定期的进度评估与问题反馈机制,及时调整集成计划,解决集成过程中可能出现的各种问题,可确保集成工作能够平稳、有序地进行。

(二) 集成过程中的关键环节

在互联网经济的浪潮下,会计创新策略的实施尤为关键,特别是在系统集成过程中,几个核心环节需得到高度重视。数据迁移与清洗构成了这一过程的基石。迁移数据时,完整性和准确性是首要考量,任何数据的遗漏或错误都可能对后续分析决策产生误导。因此,需采用高效的数据清洗手段,剔除重复、错误及不完整的数据项,确保数据质量,为后续的系统对接奠定坚实基础。会计信息系统与 ERP 系统的无缝对接,是实现业务流程自动化、提高管理效率的重要步骤。此阶段,需精心规划接口设计,确保数据传输的流畅与准确。同时,进行详尽的测试工作不可或缺,包括功能测试、性能测试、安全测试等,以全面验证系统的稳定性和可靠性。只有通过严格测试,才能确保系统在实际运行中能够承载业务高峰,避免数据丢失或系统崩溃等风险。面对新系统的引入,员工需掌握相应的操作技能,以快速适应新的工作环境。企业应组织系统的培训课程,涵盖系统操作、功能应用及问题解决等多个方面,提升员工的业务处理能力和系统使用效率。此外,加强团队协作至关重要。可通过跨部门沟通、定期会议及项目管理工具,促进信息共享,协同解决集成过程中遇到的难题,形成合力,推动项目高效推进。

(三) 集成后的优化与维护

集成完成后,通过互联网经济的视角,企业可以利用大数据分析、云计算等技术手段,实现对集成前后业务数据的精准对比,以此评估集成效果是否达到了预期目标。这种对比不仅限于数据的数量变化,更包括数据处理的效率、准确性以及信息流转的顺畅度,全方位衡量集成所带来的价值。在此基础上,企业需不断进行系统的优化与调整,以适应互联网经济下快速变化的市场需求。利用实时监控工具和智能分析算法,企业能够及时发现集成系统中存在的瓶颈和问题,通过技术迭代和功能升级,有效提升系统性能和用户体验。这包括但不限于优化数据处理流程、增强系统稳定性、提升用户界面的友好度等,确保集成系统能够高效支撑企业的日常运营和战略决策。为确保系统的稳定运行,企业还需建立健全的运维体系,这一体系应涵盖定期的系统检查、预防性维护以及应急响应机制。借助互联网经济中的远程运维技术,企业可以实现跨地域、高效率的系统维护,即使面对突发事件也能迅速响应,最大限度减少业务中断的风险。同时,企业应强化员工对于集成系统的培训,提升团队对新技术的掌握能力,确保每一位员工都能熟练利用集成系统提升工作效率。

第三节　数据治理与会计信息安全管理

一、数据治理基本概念

(一)数据治理的核心要素

在互联网经济蓬勃发展的当下,数据已成为企业竞争的核心资产,驱动着业务决策与创新的步伐。数据治理作为支撑这一变革的基石,其核心要素——数据质量、数据安全、数据合规与数据价值,共同构建起一个高效、可靠且富有洞察力的数据生态系统。数据质量是确保信息准确无误、全面完整、前后一致并能及时获取的基础。在互联网经济中,数据流转速度加快,对数据的实时性和精确度要求更高。通过实施严格的数据质量管理流程,如数据清洗、校验与监控,企业能够减少错误数据带来的决策风险,提升运营效率与客户满意度。数据安全则是守护企业数据资产的坚固防线,面对日益复杂的网络威胁,企业必须建立健全的数据安全体系,包括数据加密、访问控制、安全审计等措施,以确保数据在传输、存储和处理过程中不被破坏、泄露或非法访问,维护用户信任与企业声誉。数据合规性是企业合法运营的前提,它要求企业在数据收集、处理、转移等各个环节严格遵守国家及地区的法律法规,如 GDPR、CCPA 等隐私保护条例。通过建立合规的数据治理框架,企业不仅能避免法律风险,还能增强市场竞争力,赢得国际合作伙伴与客户的信赖。借助大数据、人工智能等先进技术,企业可以深入挖掘数据背后的含义,发现市场趋势、优化产品设计、提升用户体验,从而实现商业模式的创新与增长。通过建立数据驱动的决策机制,企业能够更加精准地把握市场机遇,持续创造价值,在激烈的互联网经济竞争中脱颖而出。

(二)数据治理的层次结构

1.战略层面

战略层面作为数据治理的顶层设计,需深刻洞察数据在现代经济,尤其是互联网经济中的核心价值,将数据治理提升至企业战略高度,与业务发展并驾齐驱。要制定具有前瞻性的数据治理愿景,不仅着眼于当前的数据管理需求,更要预见未来数据技术的发展趋势及市场变化,确保数据治理战略能够灵活应对未来的挑战与机遇。战略层面需紧密围绕企业业务目标,构建数据治理与业务发展的深度融合机制。这意味着要将数据视为驱动业务决策、优化运营流程、创新产品与服务的核心资源,而非孤立存在的技术要素。要通过深入分析业务需求,明确数据治理的重点领域,如提升数据质量、加强数据安全、促进数据流通与共享等,以确保数据治理工作能够精准对接业务痛点,为业务增长提供强有力的数据支撑。同时,战略层面还需具备广阔的视野,既要关注数据治理的外部环境,包括行业法规、技术标准、市场动态等,确保数据治理战略符合外部要求,又要深入剖析企业内部的数据治理需求,如组织架构、技术架构、人员能力等,以确保战略的可实施性与有效性。

2. 管理层面

在互联网经济浪潮中,管理层面作为数据治理的中坚力量,不仅是战略规划与实际操作之间的桥梁,也是推动会计创新策略落地的关键。管理层需将高瞻远瞩的战略蓝图细化为具体可行的数据管理制度、程序及标准,确保数据治理工作有章可循、有据可依。这包括对数据质量设定严格标准,明确数据的准确性、完整性、一致性和时效性的具体要求;对数据安全构建全面防护网,涵盖数据的加密存储、访问权限控制、传输安全及应急响应机制;同时,注重数据隐私保护,遵循相关法律法规,确保用户信息的安全与合规使用。为确保数据管理制度的有效实施,管理层还需构建一套高效的监督机制,通过定期审计、绩效评估与反馈循环,检查各项制度执行情况,及时发现并纠正偏差,保证数据治理体系的持续健康运行。此外,管理层应发挥协调作用,打破部门壁垒,促进跨部门间的沟通与协作,建立数据共享与治理的协同机制。这不仅能够避免数据孤岛的形成,还能通过资源的优化配置与知识的共享,激发各部门的创新潜能,共同推动会计工作的数字化转型与升级。

3. 执行层面

在互联网经济与会计创新策略的背景下,执行层不仅要严格执行管理层制定的各项数据治理规定、流程与标准,更要在此基础上,不断创新与优化,以适应快速变化的市场环境与业务需求。数据质量管理是执行层的首要任务,它要求对数据从产生到消亡的每一个环节进行严格把控,确保数据的准确无误与完整无缺。在互联网经济中,数据的实时性与时效性尤为重要,执行层需借助先进的技术手段,如自动化监测、智能预警等,及时发现并纠正数据错误,保障数据质量,为决策提供可靠依据。数据安全管理同样不容忽视,执行层需构建全方位的数据安全防护网,包括数据加密、访问控制、备份恢复等措施,确保数据在传输、存储、处理过程中免受威胁。特别是在会计创新策略中,涉及财务数据的敏感性与合规性要求更高,执行层需严格遵守相关法律法规,确保数据安全无虞。数据生命周期管理则要求执行层对数据从创建、使用到废弃的全过程进行有效管理,通过合理的数据分类、存储与清理策略,提高数据利用效率,降低存储成本,同时促进数据的合规使用与共享。

4. 技术层面

技术层不仅承载着数据存储、处理与分析等核心功能,还负责构建与维护高效的数据治理平台,为数据治理的全面实施提供强大的技术支持。面对海量数据的涌现与处理需求,技术层需不断创新,积极引入云计算、大数据、人工智能等前沿技术,以提升数据治理的自动化与智能化水平,实现数据的快速响应与精准决策。在数据存储方面,技术层需构建高效可用、可扩展的存储架构,确保数据的安全存储与高效访问。数据处理环节,则需优化算法与模型,提高数据处理速度与准确性,为会计创新策略提供有力支撑。同时,数据分析技术的深化应用,能够挖掘数据背后的价值,为企业的财务规划、成本控制、风险预测等提供科学依据。数据治理平台的建设与维护,是技术层的另一重要任务。平台需集成数据管理、质量控制、安全监控等多功能模块,实现数据治理流程的标准化与自动化。通过智能化的治理平台,企业能够更有效地监控数据质量,及时发现并处理数据异常,确保数据的准确性与一致性。采用先进的加密技术、访问控制机制与防火墙等安全措施,保护数据免受外部攻击与内部泄露,能为数据治理提供坚不可摧的技术屏障。同时,建立完善的容灾备份与故障恢复机制,确保技术平台在面对突发事件时能够迅速恢复,保障数据治理工作的连续性与稳定性。

二、会计信息安全管理

(一)会计信息安全的内涵与范畴

随着信息技术的飞速发展,会计信息的采集、处理、存储、传输与使用方式发生了深刻变革,这也对会计信息安全提出了更高要求。在互联网经济背景下,会计信息系统日益成为企业运营的核心枢纽,其安全性直接关系到企业财务数据的准确性与保密性。实体安全方面,需确保会计信息系统所在的物理环境安全,包括服务器机房的防火、防盗、防灾等措施;网络安全则要求构建坚固的网络防御体系,防范黑客攻击、病毒侵入等外部威胁;数据安全是核心,通过加密技术、访问控制等手段,确保会计数据在传输与存储过程中的完整性与保密性;应用安全关注会计软件本身的安全性,需定期更新补丁、修复漏洞,防止被恶意利用;人员安全则强调对会计人员的安全管理,包括权限分配、操作监控与培训教育,确保内部人员不成为安全漏洞。会计信息安全对于维护企业利益至关重要,一方面,它保障了企业财务报告的真实性与合规性,为投资者、债权人等利益相关者提供了可信的决策依据;另一方面,良好的会计信息安全体系能够提升企业信誉,增强市场竞争力,为企业在互联网经济中的持续发展奠定坚实基础。

(二)会计信息安全风险分析

在互联网经济快速发展的背景下,会计信息安全成为企业不可忽视的关键领域,其面临的风险挑战日益复杂多样,主要分为内部与外部两大类。内部风险方面,人员操作失误可能导致数据录入错误或泄露,系统故障则可能引发数据丢失或处理延迟,而数据篡改更是直接威胁到会计信息的真实性与可靠性,影响企业的财务决策与合规性。外部风险则更为严峻,网络攻击、病毒入侵与黑客行为时刻威胁着企业会计系统的安全防线,一旦防御不足,就可能造成数据被盗、系统瘫痪等严重后果,给企业带来重大的经济损失与声誉损害。为有效应对这些风险,企业必须构建起全面的会计信息安全管理体系。首要任务是进行风险识别,通过细致的系统审查与流程梳理,及时发现潜在的安全漏洞与威胁点。接着,对识别出的风险进行科学评估,分析其发生的可能性与可能造成的损失程度,为制定应对措施提供依据。在此基础上,企业应建立健全的风险监控机制,利用先进的技术手段,如入侵检测系统、防火墙、数据加密等,对会计信息系统进行实时监控与防护,确保任何异常行为都能被迅速发现并响应。同时,企业还需制定针对性的风险应对措施,对于内部风险,可通过加强员工培训、优化系统设计与权限管理、实施定期的数据备份与审计等方式来降低风险;对于外部风险,则需不断更新安全防护技术,建立应急响应机制,确保在遭遇攻击时能够迅速恢复系统运行,最大限度减少损失。

(三)会计信息安全控制措施

1. 技术性控制措施

加密技术,作为信息安全的基石,通过对会计数据进行编码处理,确保数据在传输与存储过程中的保密性,即使数据被非法截获,也难以被解读,有效防止了数据泄露的风险。

访问控制则像一道精密的门锁,根据角色与权限的不同,严格限制对会计信息的访问与操作,既保证了数据的合法使用,又防止了内部人员的不当接触或恶意篡改,维护了数据的完整性与真实性。

数据备份,作为数据安全的最后一道防线,通过定期或实时的数据复制与存储,确保在原始数据遭受破坏或丢失时,能够迅速恢复,保证业务的连续性与数据的可用性,降低了数据灾难带来的损失。

防火墙与入侵检测系统,则构成了网络边界的坚固防线。防火墙通过设定规则,过滤进出网络的数据包,阻止未经授权的访问与恶意攻击;入侵检测系统则像一双敏锐的眼睛,实时监控网络活动,一旦发现异常行为,立即发出警报,及时响应,有效抵御了来自外部的威胁。

这些技术性控制措施,在互联网经济与会计创新策略中发挥着不可或缺的作用,它们不仅保障了会计信息的安全,为企业的财务决策提供了可靠的数据支持,还促进了会计工作的智能化与自动化,提高了工作效率,降低了运营成本。

2. 管理性控制措施

在互联网经济快速发展的大环境下,会计信息安全成为企业稳健运营的基石,企业需构建一套完善的会计信息安全制度与规章制度,为信息安全管理提供明确的框架与指导。这些制度应详细规定会计信息的处理流程、存储要求、访问权限及安全审计标准,确保每一步操作都有章可循,有据可依。明确各级人员的职责是管理性控制措施的关键,从高层管理者到基层员工,每个人都应清楚自己在会计信息安全中的角色与责任,形成自上而下的安全责任体系。通过实施严格的权限管理,根据工作需要合理分配系统访问与数据操作权限,能有效防止未经授权的访问与数据泄露,确保会计信息的保密性与完整性。安全培训则是提升员工安全意识、规范操作行为的有效途径,企业应定期组织会计信息安全相关的培训课程,涵盖最新的安全威胁、防护技巧、应急处理流程等内容,确保员工能够紧跟互联网安全形势的发展,增强识别与应对安全风险的能力。通过培训,员工能够更加自觉地遵守安全规章制度,减少人为疏忽导致的安全事件,降低安全风险。

3. 法律法规性控制措施

在互联网经济与会计创新策略的深度融合中,法律法规性控制措施构成了会计信息安全的法律基石与制度保障。企业需严格遵守《中华人民共和国网络安全法》,确保会计信息系统及数据的安全防护符合国家法律要求,防止网络攻击与数据泄露,维护网络环境的稳定与安全。同时,《中华人民共和国会计法》作为会计行业的根本大法,明确了会计信息真实、完整、可靠的基本要求,企业应以此为准则,建立健全会计信息安全管理体系,确保会计信息的合法合规与高质量。此外,行业标准与规范也是不可或缺的一部分。随着互联网经济与会计技术的快速发展,各类行业标准与规范如《企业会计信息化工作规范》等应运而生,为会计信息的安全管理提供了具体指导与实践框架。企业应积极对标这些标准与规范,不断优化会计信息安全流程,提升安全管理水平,确保会计信息的处理与存储符合行业最佳实践。在会计创新策略中,法律法规性控制措施不仅为会计信息的安全提供了法律保障,还促进了企业会计管理的规范化与标准化,增强了企业的法律合规意识与风险管理能力。

（四）会计信息安全管理体系构建

在互联网经济快速发展的浪潮中,会计信息安全管理体系的构建成为企业稳健前行的关键一环,它需紧密融入企业整体管理体系之中,遵循系统性、全面性、预防性、动态性与合规性的核心原则。企业需从战略高度出发,制定明确的会计信息安全战略与目标,确保信息安全工作与企业发展目标同频共振。构建会计信息安全管理体系,首要任务是建立科学合理的组织架构,明确各部门及岗位的职责分工,形成权责清晰、协同高效的安全管理网络。在此基础上,全面开展风险评估,深入分析会计信息在采集、处理、存储、传输等各个环节可能面临的安全威胁,为后续制定针对性的控制措施奠定坚实基础。企业应依据风险评估结果,设计并实施一系列技术与管理控制措施,涵盖数据加密、访问控制、安全审计、应急响应等多个层面,构建起全方位的安全防护网。同时,加强安全监控,利用先进的技术手段对会计信息系统进行实时监测,及时发现并处置安全事件,确保会计信息的安全可控。会计信息安全管理体系并非一成不变,而需保持动态调整与持续改进。企业应定期回顾安全管理体系的运行效果,根据外部环境变化、技术进步及业务发展需求,及时调整安全策略与控制措施,确保管理体系的有效性与适应性。

第三章　大数据会计与智能
决策支持系统

第一节　大数据在会计数据分析中的应用

一、数据采集与预处理技术

在大数据时代背景下,会计领域正经历着前所未有的变革,互联网经济的蓬勃发展极大地拓宽了会计数据的边界与深度。企业不再局限于传统的财务报表与财务凭证,而是将目光投向了更为广阔的数据海洋。这既包括内部产生的结构化数据,如交易记录、成本明细等,也涵盖了外部环境中海量的非结构化数据,比如市场趋势分析、消费者行为数据、宏观经济指标及行业动态等。这些数据共同构成了企业决策的重要依据,对提升财务管理效率、优化资源配置、增强风险防控能力具有不可替代的作用。数据采集作为会计数据分析的基石,其效率与质量直接关乎后续分析的有效性与准确性。针对结构化数据,企业需建立高效的数据管理系统,确保数据的实时性、完整性和准确性;而对于非结构化数据,则需运用先进的文本挖掘、图像识别等技术手段,将其转化为可分析的形式,从而实现对市场动态的快速响应和精准把握。这一过程不仅要求技术上的创新,更需要企业在组织架构、流程设计上做出相应调整,以促进数据的无障碍流通与高效利用。预处理技术是提升数据价值的关键步骤,它涵盖了数据清洗、数据转换和数据整合等多个环节。数据清洗旨在剔除错误、重复或无关信息,确保数据的纯净度;数据转换则是将不同格式、不同标准的数据统一化,便于后续处理与分析;数据整合则是将分散于各部门、各系统的数据汇聚起来,构建起全面、统一的数据视图。通过这些技术手段,企业能够有效提升数据的质量与可用性,为会计分析、预测及决策提供更加坚实的基础。在互联网经济的推动下,会计创新策略聚焦于如何利用大数据技术实现财务管理的智能化与精细化。

二、数据存储与管理技术

随着企业交易频繁、业务规模不断扩大,会计数据量呈现爆炸式增长,这对传统数据存储与管理方式提出了严峻挑战。为应对这一挑战,大数据技术应运而生,其中的分布式存储与云计算技术成为驱动会计创新的关键力量。分布式存储技术,通过将数据分散存储在多个独立的节点上,不仅实现了海量数据的高效存储,还极大提升了数据的读写速度。这种技术架构有效解决了传统集中式存储系统在处理大规模数据时面临的性能瓶颈问题,使得会计数据能够迅速响应查询需求,提高了工作效率。同时,分布式存储还具备高可用性和容错性,即使部分节点发生故障,也能确保数据的完整性和可访问性,为会计信息的连续性和准确性提供了有力保障。云计算技术提供了按需分配、弹性扩展的计算资源,企业可以根据实际业务需求灵活调整资源使用量,避免了闲置资源的浪费。对于会计部门而言,这意味着在财务高峰期可以轻松应对大量数据处理需求,而在业务平淡期则能缩减资源投入,从而显著降低存储和管理成本。云计算还支持远程访问和协作,使得会计人员可以随时随地处理财务数据,促进了跨部门、跨地域的协同工作,提高了整体运营效率。此外,大数据技术的运用还促进了会计信息的智能化处理。通过对海量会计数据进行深度挖掘和分析,企业能够获取更为精准的业务洞察,为决策支持提供有力依据。例如,利用机器学习算法预测现金流趋势、识别潜在财务风险等,这些创新应用不仅提升了会计工作的价值,还增强了企业的市场竞争力。

三、数据分析与挖掘技术

(一)数据可视化分析

在大数据与互联网经济的双重驱动下,会计行业的转型与创新已成为必然趋势,其中,数据可视化作为大数据分析的核心环节,正深刻改变着会计工作的面貌。数据可视化技术通过将海量、复杂的数据转化为直观、易懂的图表、图形等形式,极大地提升了会计人员对数据的理解与分析能力,使得隐藏在庞大数字背后的故事与规律得以显现,为企业的财务决策提供了强有力的支持。在互联网经济的浪潮中,企业面临着前所未有的数据挑战与机遇。一方面,市场环境的瞬息万变、消费者需求的多元化以及业务模式的不断创新,导致数据量呈爆炸式增长;另一方面,这些数据中蕴含着丰富的商业价值,等待着被挖掘与利用。数据可视化技术,如热力图、折线图、饼图、散点图等,成为会计人员探索数据奥秘的得力助手。它们不仅能够清晰地展示企业的财务状况,如收入、成本、利润等关键指标的变动趋势,还能通过色彩、形状等视觉元素,直观地揭示数据之间的关联性与差异性,帮助会计人员快速识别问题所在,把握市场动态,为企业的战略规划与运营优化提供科学依据。会计创新策略在数据可视化的助力下,更加注重数据的实时性与互动性。通过构建实时数据监控平台,会计人员可以即时获取市场动态与企业运营数据,利用可视化工具进行即时分析,迅速响应市场变化,提高决策的时效性与准确性。同时,交互式数据可视化技术的应用,使得会计人员能够根据需要自由探索数据,通过拖拽、缩放、筛选等操作,深入挖掘数据背后的故事,为企业的精细化管理提供有力支持。此外,数据可视化还促进了会计工作的协同与共享。在跨部门、跨团队的合作中,可视化报告成为沟通的桥梁,使得非会计专业人员也能轻松理解财务数据,促进了企业内部的信息流通与知识共享,提升了整体运营效率。

(二)财务比率分析

在互联网经济的浪潮中,会计数据分析作为企业管理的核心环节,不仅反映了企业的财务状况与经营成果,更是企业决策制定的重要依据。大数据技术的兴起,为财务比率分析插上了智能化的翅膀,极大地提升了分析的效率与准确性。借助大数据平台,企业可以自动计算各项财务比率,如偿债能力比率、盈利能力比率、营运能力比率等。这些比率犹如企业的"体检报告",全面揭示了企业的健康状况。偿债能力比率,如流动比率、速动比率,帮助企业管理层及时洞察资金流动性,确保债务得到妥善清偿;盈利能力比率,如净资产收益率、总资产报酬率,则直观展示了企业的赚钱能力,为投资决策提供关键参考;营运能力比率,如存货周转率、应收账款周转率,则揭示了企业资产管理的效率,助力企业优化资源配置。更为关键的是,大数据技术不仅停留在单一企业的数据分析层面,还能轻松实现跨企业、跨行业的数据对比。通过与同行业其他企业或行业平均水平的对比,企业可以清晰地看到自身的优势与不足。这种横向比较,有助于企业发现行业内的最佳实践,借鉴他人的成功经验,同时,也能及时识别潜在的风险点,提前采取应对措施,确保企业在激烈的市场竞争中保持领先地位。此外,大数据技术还赋予了财务比率分析更多的可能性。通过对历史数据的深度挖掘,结合机器学习算法,企业可以预测未来的财务趋势,为战略规划提供数据支撑。同时,大数据还能实现财务数据的实时监控,及时发现异常情况,提高风险管理的敏捷性。

(三)趋势预测分析

在大数据与互联网经济的交汇点,会计数据分析已不再局限于历史回顾与现状描述,而是迈向了更高层次的应用——趋势预测分析。这一领域旨在通过深度挖掘数据间的潜在联系,结合企业历史运营数据、市场环境变化及行业发展趋势,为企业提供前瞻性的财务预测与战略指导,助力企业在激烈的市场竞争中抢占先机。大数据技术为趋势预测分析提供了强大的支撑。时间序列分析,作为预测分析的基础工具,能够捕捉数据随时间变化的规律,揭示企业财务状况的周期性波动与长期趋势。而机器学习的加入,则进一步提升了预测的精度与灵活性。通过训练模型识别数据中的复杂模式,机器学习算法能够自动调整参数,适应市场环境的微妙变化,为企业输出更为精准、个性化的预测结果。在互联网经济的背景下,会计创新策略越发重视数据驱动的决策支持。趋势预测分析不仅关注财务指标,如收入、成本、现金流等,还深度融合市场数据、消费者行为数据、社交媒体数据等多源信息,构建全面的预测体系。这种跨领域的数据融合,使得预测结果更加贴近市场实际,为企业制定预算、规划投资、管理风险提供了科学依据。同时,趋势预测分析还促进了会计职能的转型与升级。会计人员不再仅仅是数据的记录者与报告者,而是成为企业决策的重要参与者与推动者。他们利用预测分析技术,为企业提供洞察未来的“水晶球”,帮助企业提前布局,优化资源配置,提升市场竞争力。此外,趋势预测分析还强调了数据的实时性与动态性。在快速变化的市场环境中,企业需要及时调整策略以应对不确定性。实时数据分析与预测能力的构建,使企业能够迅速响应市场变化,灵活调整经营计划,确保在激烈的市场竞争中保持领先地位。

四、云计算与大数据在会计数据分析中的结合

在互联网经济的广阔舞台上,云计算与大数据技术的组合,犹如一双强劲的双翼,为企业的财务管理插上了飞翔的翅膀,不仅极大地提升了会计工作的效率与精度,更为企业挖掘潜在商业价值、驱动创新决策提供了无限可能。云计算平台,以其灵活高效、按需分配的计算资源,成为会计数据分析的强大后盾。企业无须再为高昂的硬件投入和复杂的维护成本所困,只需通过云端,即可轻松

实现海量数据的快速处理与分析。无论是复杂的财务报表生成，还是精细的成本核算，云计算都能以秒级响应的速度完成，显著提升了会计工作的时效性。同时，云端的协同工作环境，让跨部门、跨地域的数据共享与协作变得轻而易举，进一步促进了会计流程的优化与效率的飞跃。而大数据技术，则是挖掘会计数据背后隐藏的商业价值的金钥匙。通过对历史数据的深度挖掘，结合先进的算法模型，企业能够洞察市场趋势、识别消费者行为模式、预测财务表现，从而为决策层提供精准的数据支持。这些洞察，如同明灯，照亮了企业发展的道路，助力企业在激烈的市场竞争中找到差异化的发展路径，实现商业模式的创新与升级。云计算与大数据技术的结合，不仅降低了企业的运营成本，更在无形中构建了一座数据驱动的决策宝库。企业可以基于实时数据，进行更加科学、合理的预算管理、成本控制和风险管理，有效避免决策的盲目性和随意性。同时，这种技术组合还激发了企业的创新能力，鼓励企业不断探索新的商业模式、产品和服务，为企业的持续发展注入源源不断的活力。

第二节 智能决策支持系统的构建与实现

一、智能决策支持系统的构建

(一)系统设计原则与方法

为了确保系统能够灵活应对互联网经济下复杂多变的数据环

境与业务需求,设计之初便确立了几大核心原则:开放性、可扩展性、可靠性与稳定性。这些原则共同构成了系统设计的基石,为企业在数据洪流中精准捕捉价值、高效决策奠定了坚实基础。重点分析前两个原则,开放性原则意味着系统需具备高度的灵活性与兼容性,能够轻松接入各类数据源,无论是企业内部财务系统产生的结构化数据,还是市场趋势、消费者行为等非结构化数据,都能被系统有效整合与分析。这一特性确保了企业能够紧跟市场步伐,快速响应业务变化。可扩展性则着眼于未来,随着企业数据量的不断增长与数据处理需求的日益复杂,系统能够平滑升级,轻松应对数据规模的扩张与处理难度的提升。这一设计思路避免了系统因技术瓶颈而制约企业发展,确保了长期的投资回报。在大数据环境下,系统需具备高度的容错能力与持续运行能力,确保在长时间、高负载的运行状态下,仍能提供准确、及时的决策支持,为企业稳健运营保驾护航。基于上述原则,采用面向服务的架构(SOA)成为构建智能决策支持系统的优选方案。SOA 将系统拆分为一系列独立、可复用的服务组件,这些组件之间通过标准化的接口进行通信与协作,既降低了系统开发的复杂度,又提高了系统的可维护性与灵活性。这种松耦合的设计模式,使得系统能够轻松应对业务变化,快速迭代升级,同时,也为后续的功能扩展与系统集成提供了无限可能。

(二)数据采集与预处理

在互联网经济的浪潮中,数据已成为企业决策支持系统的核心要素。为了构建高效、精准的会计决策体系,企业需采用多元化的数据采集策略,确保数据的全面性与及时性。实时数据流的应用,使得企业能够即时捕捉市场动态,对财务状况进行实时监控,为即时决策提供依据。无论是交易数据的实时传输,还是市场趋势的即时反馈,都能通过实时数据流迅速融入决策支持系统,提升企业对市场变化的响应速度。同时,历史数据的批量导入也是不可或缺的一环。通过对过往财务数据的全面梳理与分析,企业能够挖掘出潜在的财务规律,为长期战略规划提供数据支撑。历史数据如同企业的"记忆",记录着企业发展的点点滴滴,通过对其的深度挖掘,可以帮助企业更好地理解自身财务状况,优化资源配置,提升财务管理水平。然而,数据采集只是第一步,数据预处理同样至关重要。数据在进入决策支持系统前,需经过严格的清洗、转换和归一化处理。数据清洗旨在剔除数据中的噪声和异常值,确保数据的准确性;数据转换则是将数据转化为决策系统可识别的格式,便于后续分析;而归一化处理则是将数据按照一定比例缩放,消除不同量纲数据间的差异,提高数据分析的公正性与可比性。

(三)数据存储与管理

面对海量、高速、多样化的数据特点,传统的数据存储与处理方式已难以满足现代企业对数据高效利用的需求。因此,分布式数据库技术与数据仓库技术应运而生,成为推动互联网经济下会计创新策略的重要基石。分布式数据库技术,通过将数据分散存储在多个节点上,不仅有效缓解了单一数据库的性能瓶颈,还极大提升了数据的存储容量与查询效率。在互联网经济背景下,企业面临着来自各个渠道的海量数据,如用户行为数据、市场趋势数据、财务交易数据等,这些数据分散且庞大。分布式数据库技术的应用,使得企业能够高效管理这些数据,实现数据的快速读写与并行处理,为实时数据分析与决策提供了可能。而数据仓库技术,则进一步解决了多源数据集成与汇总的难题。它像一个巨大的数据蓄水池,将来自不同系统、不同格式的数据进行清洗、转换与整合,形成一个统一、规范的数据视图。这一技术使得企业能够从全局视角审视数据,深入挖掘数据间的关联与规律,为后续的决策分析提供全面、准确的数据支持。结合分布式数据库与数据仓库技术,企业能够构建起一个强大、灵活的数据处理平台。这一平台不仅能够高效应对大数据时代的挑战,还能为企业带来诸多创新机遇。例如,通过实时数据分析,企业能够迅速捕捉市场动态,优化产品与服务;通过深度挖掘数据,企业能够发现潜在的商业机会,指导战略决策;通过数据可视化展示,企业能够直观呈现数据价值,促进跨部门沟通与合作。

(四)决策模型构建与优化

1. 算法选择与实现

为了充分挖掘会计数据背后的价值,企业纷纷转向机器学习、数据挖掘等先进技术领域,选用支持向量机(SVM)、决策树、神经网络等成熟算法,为会计创新策略提供强大的技术支持。支持向量机(SVM)以其出色的分类性能,在财务风险预测、信用评估等领域发挥着重要作用。通过对会计数据进行精细分类,SVM能够帮助企业准确识别潜在的财务风险点,及时采取应对措施,确保财务安全。决策树算法则以其直观易懂的树状结构,成为企业决策支持系统中的得力助手。在成本控制、预算管理等方面,决策树能够基于历史数据,构建出最优的决策路径,为企业提供科学合理的财务规划建议。神经网络算法,凭借其强大的自我学习与适应能力,在财务预测、收益评估等方面展现出巨大潜力。通过对海量会计数据的深度学习,神经网络能够捕捉到数据间的复杂关系,为企业提供精准的财务预测,助力企业把握市场先机。然而,算法的应用并非一成不变。在实际业务需求的驱动下,企业需对选用的算法进行优化和调整。应通过参数调优、特征选择等手段,不断提升模型的预测准确性和泛化能力,确保算法能够真正服务于企业的会计创新策略。

2. 模型评估与调整

为确保模型能够精准指导决策,交叉验证、A/B 测试等评估方法成为会计创新策略中不可或缺的一环。这些科学方法的应用,不仅提高了模型预测的准确性,还增强了模型在不同场景下的适应性与稳定性。交叉验证,通过划分数据集为多个子集,轮流将其中一个子集作为测试集,其余作为训练集,多次重复此过程,全面评估模型性能。这一方法有效避免了过拟合风险,确保了模型在未知数据上的泛化能力。同时,关注准确率、召回率、F1 值等关键指标,为模型优化提供了明确的方向。准确率反映了模型预测正确的比例,召回率则体现了模型识别正例的能力,而 F1 值则是准确率与召回率的调和平均,综合考量了模型性能。A/B 测试,则在实际业务场景中,将用户随机分为两组,分别体验不同的决策方案,通过对比两组用户的行为数据,评估模型决策效果。这一方法直接关联用户反馈,使得模型优化更加贴近市场需求,提高了决策的实效性与针对性。此外,持续收集用户反馈,对模型进行迭代优化,是会计创新策略中的重要实践。随着互联网经济的发展,用户需求日新月异,模型需要不断适应这些变化,才能保持其决策的有效性。可通过构建反馈循环,将用户行为数据、市场反馈等信息及时纳入模型优化过程,不断调整模型参数与结构,确保模型始终与用户需求保持同步。

二、智能决策支持系统的实现与应用

(一)系统开发环境与工具

在互联网经济与会计创新策略的深度融合中,技术架构与开发平台的选择成为推动行业变革的关键因素。为应对大数据时代的挑战,业界主流的技术线被广泛应用于系统开发之中,以高效、稳定、可扩展的特性,为会计行业的数字化转型提供坚实支撑。

后端技术层面,Spring Boot 框架以其简洁、高效、易于扩展的特性脱颖而出,成为构建会计信息系统的首选。它基于 Java 语言,提供了丰富的开发组件与配置选项,大幅缩短了开发周期,同时确保了系统的稳定运行与高效处理。Spring Boot 的模块化设计,使得系统能够轻松应对业务变化,实现功能的快速迭代与升级,为企业在互联网经济下的灵活应变提供了技术保障。

前端技术方面,React 技术的引入,则极大地提升了用户界面的友好性与交互的流畅性。作为一套用于构建用户界面的 JavaScript 库, React 通过虚拟 DOM 机制,实现了页面的高效渲染与数据更新,为用户带来了极致的操作体验。其组件化的开发方式,也便于团队协作与代码复用,降低了开发成本与维护难度。

数据库层面,面对大数据处理的严峻挑战,分布式数据库 MongoDB 以其高性能、高可靠性、易扩展的特点,成为会计信息系统数据存储的首选。MongoDB 支持灵活的数据模型,能够轻松应对复杂多变的数据结构,为大数据分析提供了强有力的支持。同时,其分布式架构确保了数据的高可用性与容错性,为系统的稳定运行提供了坚实保障。

(二)系统功能模块设计

1. 数据分析模块

在互联网经济的浪潮中,数据分析模块作为会计创新策略的核心组成部分,正以其强大的数据挖掘能力,为企业决策提供着前所未有的数据支撑。面对海量、多维的会计数据,数据分析模块通过运用先进的数据挖掘算法,如 Apriori 算法、K-means 聚类算法等,深入探索数据背后的价值,为企业的财务管理与业务决策注入新的活力。Apriori 算法,以其高效挖掘关联规则的能力,在会计数据中发现了诸多隐藏的关联信息。无论是销售数据与成本数据的关联,还是财务数据与市场趋势的关联,Apriori 算法都能精准捕捉,为企业的成本控制、市场预测提供有力依据。而 K-means 聚类算法,则通过对会计数据进行科学分类,帮助企业识别出不同的客户群体、产品类别或成本模式。这种分类不仅有助于企业实现精细化管理,还能为企业的营销策略、产品定价等提供精准定位,提升企业的市场竞争力。数据挖掘算法的应用,不仅停留在数据的分类与预测上,更在于通过对会计数据的深度挖掘,发现数据间的潜在联系与规律。这些联系与规律,如同企业的"数据宝藏",为企业优化资源配置、提升经营效率、降低运营风险提供了宝贵的决策依据。

2. 决策支持模块

决策支持模块聚焦于构建并持续优化决策模型,旨在通过先进的数据分析技术,为企业提供精准、高效的决策辅助。其中,机器学习算法的应用成为提升决策质量的关键。支持向量机(SVM)与随机森林等机器学习算法,凭借其强大的数据处理与模式识别能力,被广泛应用于决策支持模块中。SVM通过寻找最优超平面,实现数据的高效分类与预测,尤其适用于处理高维数据与复杂非线性关系。而随机森林则通过构建多棵决策树并综合其预测结果,提高了模型的稳定性与准确性,有效避免了单一模型可能存在的过拟合问题。这些算法通过对历史数据的深度学习与训练,能够挖掘出数据背后隐藏的规律与趋势,为企业的财务预测、风险管理、市场策略等提供科学依据。在互联网经济背景下,企业面临着海量、高速、多样化的数据挑战,决策支持模块利用机器学习算法,实现了数据的快速处理与智能分析,为企业决策提供了有力支持。同时,决策支持模块还注重模型的持续优化与迭代,随着市场环境的不断变化与企业业务的持续发展,历史数据的特点与分布也可能随之改变。因此,模块需定期更新训练数据集,重新训练模型,以确保决策建议的时效性与准确性。这一动态优化的过程,不仅提升了决策模型的有效性,也为企业适应互联网经济的快速变化提供了灵活、高效的决策工具,推动了会计创新策略的实施与深化。

3. 用户交互模块

为提升用户的使用体验,该模块精心设计了直观且易操作的用户界面,确保用户能够轻松上手,快速掌握数据分析的精髓。界面采用图形化展示方式,将复杂的数据分析结果以图表、仪表盘等直观形式呈现,使得数据背后的深层信息一目了然,助力决策者迅速洞察市场动向与财务状况。除了视觉上的优化,用户交互模块还赋予了用户高度的灵活性与自主性。其通过提供丰富的交互功能,如数据筛选、维度切换、报表自定义导出等,满足了不同用户角色的多样化需求。无论是财务经理需要详细的成本分析报告,还是市场部门希望获取销售数据的趋势预测,用户都能通过简单的操作,快速获取所需信息,极大地提高了工作效率与决策速度。此外,用户交互模块还注重个性化定制服务,允许用户根据自身偏好设置界面布局、颜色主题等,进一步提升了用户的使用满意度。这种以用户为中心的设计理念,不仅增强了用户对数据分析工具的依赖与信任,也为企业推动会计创新策略、实现数据驱动的决策文化奠定了坚实的基础。

(三) 系统测试与优化方面

在互联网经济与会计创新策略的推动下,为确保系统功能的准确无误与性能的卓越稳定,自动化测试工具的应用成为不可或缺的一环。其中,Selenium 作为功能测试的首选,凭借其强大的自动化测试能力,能够模拟用户操作,对系统的各项功能进行全面、细致的验证。这一工具的应用,不仅提高了测试效率,还确保了系统功能的正确性,为系统的稳定运行奠定了坚实基础。与此同时,JMeter 作为性能测试的利器,被广泛应用于评估系统的承载能力与稳定性。通过模拟大量用户并发访问,JMeter 能够精准测量系统的响应时间、吞吐量等关键指标,揭示系统在高负载下的性能表现。这一测试过程,不仅帮助企业及时发现性能瓶颈,还为系统的优化升级提供了有力的数据支持。基于 Selenium 与 JMeter 的测试结果,系统持续优化工作得以有针对性地展开。数据库查询的优化,通过精简 SQL 语句、优化索引结构等手段,提高了数据检索速度,降低了数据库负担。算法效率的提升,则通过改进算法逻辑、采用更高效的算法实现,减少了计算时间,提升了系统处理能力。此外,针对系统响应时间的减少,通过优化代码结构、减少不必要的网络请求等措施,进一步提升了用户体验。

第三节　大数据会计与智能决策支持系统的案例分析

一、财务报表分析与预测

在互联网经济蓬勃发展的当下,企业置身于海量数据交织的环境中,历史财务数据、行业动态信息、市场趋势预测等多维度数据资源,如同繁星点点,亟待被有效挖掘与利用。借助大数据技术的强大算力与智能算法,财务报表分析不再局限于传统的手工处理与经验判断,而是转向了一种更为精确、高效且全面的分析模式。通过对企业历年财务数据的深度挖掘,大数据技术能够揭示出隐藏在数字背后的经营规律与变化趋势,为构建预测模型提供坚实基础。这些模型不仅能够预测企业未来的财务状况,如收入增长、成本控制、现金流变动等,还能进一步分析市场动态与行业竞争格局,帮助企业提前洞察市场先机,灵活调整经营策略,确保在激烈的市场竞争中保持领先地位。对于投资者与债权人而言,大数据技术支持下的财务报表分析如同一盏明灯,照亮了决策之路。通过分析企业历史业绩与未来预测,他们能够更准确地评估企业的投资价值与偿债能力,从而做出更为明智的投资决策与信贷安排。这不仅提升了资本市场的效率,也促进了资源的优化配置,为互联网经济的健康发展提供了有力支撑。此外,大数据分析在风险管理方面的应用同样不容小觑。通过对企业财务数据的细致剖析,结合行业风险特征与市场波动情况,大数据技术能够及时发现企业潜在的财务风险点,如资金链紧张、盈利能力下降、偿债风险增加等。这为企业构建风险预警机制、制定针对性风险管理策略提供了科学依据,有效增强了企业的风险抵御能力,保障了企业的稳健运营。

二、成本控制与优化

随着企业运营数据的海量增长,传统会计方法已难以满足高效、精准的管理需求。大数据会计通过先进的数据处理技术和算法,深入剖析企业成本结构,挖掘隐藏在庞大数据背后的成本控制漏洞与改进空间。这种深度分析不仅能够揭示成本超支的根源，还能为管理层提供科学、具体的成本控制策略，助力企业实现降本增效的目标。在供应链优化方面，大数据技术同样发挥着关键作用。通过实时监控供应链各环节的数据流动，大数据会计能够精确预测需求变化，优化库存管理，减少库存积压和缺货风险。同时，对供应商绩效的细致评估，能帮助企业筛选出性价比最高的合作伙伴，从而有效降低采购成本。此外，大数据还能促进供应链各节点的协同作业，提高整体运营效率，确保产品从原材料采购到最终交付的每一个环节都高效顺畅。预算编制与执行监控是成本控制的另一重要环节。大数据会计利用历史数据和市场趋势分析，能够制订出更加合理、可行的预算方案。在执行过程中，通过实时追踪实际成本与预算的差异，大数据会计能及时发现偏差并预警，为管理层提供调整策略的依据。这种动态监控机制确保了预算的有效执行，避免了成本超支，提升了企业的财务管理水平。互联网经济的快速发展为会计创新提供了广阔舞台，大数据会计凭借其强大的数据处理能力，不仅革新了传统的成本控制理念，还推动了会计职能的转型与升级。它使企业会计从单一的事后记录转向事前预测、事中控制、事后分析的全链条管理，实现了会计信息的实时共享与决策支持。在这一过程中，会计人员的角色也逐渐由数据记录者转变为数据分析师和决策参与者，为企业创造了更大的价值。

三、风险评估与管理

在互联网经济浪潮中，大数据技术犹如一股强劲的风，吹拂着会计行业的每一个角落,尤其在风险评估与管理领域,其影响力尤为显著。企业置身于瞬息万变的市场环境中,内外部数据交织成一张庞大的信息网,如何从中提取有价值的信息,以支持风险管理决策,成为会计创新策略的关键所在。大数据技术通过整合企业内部的财务数据、运营数据以及外部的市场数据、行业数据等,构建起一个全面而精准的风险评估模型。这一模型不仅能够深入剖析企业当前的风险状况,还能基于历史数据预测未来的风险趋势,为企业制定事前预防、事中控制和事后应对的风险管理策略提供科学依据。在事前阶段,模型能够识别潜在的风险点,帮助企业提前布局,防患于未然;事中阶段,则能实时跟踪风险变化,及时调整管理措施,确保风险可控;事后阶段,通过对风险事件的复盘分析,优化风险管理流程,提升企业的风险应对能力。更为重要的是,大数据技术赋予了企业风险预警的实时监测能力。传统的风险管理往往依赖于人工的定期检查和经验判断,难以做到及时响应。而大数据技术则能够实时捕捉市场变化、企业运营中的异常信号,通过算法分析,及时发出风险预警,使企业能够在第一时间采取措施,有效应对市场波动,降低经营风险。这种实时监测的能力,对于互联网经济下的企业尤为重要,因为在这个快速变化的时代,任何微小的市场波动都可能引发连锁反应,影响企业的稳定发展。大数据技术的应用,不仅提升了风险管理的效率和准确性,更推动了会计行业的创新与发展。因此,会计教育与培训也应与时俱进,加强大数据、人工智能等新兴技术的教学,培养具有复合型能力的会计人才,为企业的风险管理提供更加强有力的支持。

四、企业绩效评价与决策支持

传统绩效评价往往依赖于有限的财务指标,难以全面反映企业的真实运营状况与潜在价值。而大数据会计则通过整合企业财务数据、非财务数据以及市场数据,构建起一个多维度、深层次的绩效评价体系,为企业提供了更为客观、全面的评价依据。在这一体系下,财务数据作为绩效评价的基础,反映了企业的盈利能力、偿债能力和运营效率。然而,大数据会计并未止步于此,而是进一步融入了非财务数据,如客户满意度、员工满意度、市场占有率等,这些指标从市场反馈、内部管理、创新能力等多个角度,补充了财务数据的不足,使得绩效评价更加立体、全面。同时,市场数据的引入,如行业趋势、竞争对手动态等,为企业提供了外部环境的参考坐标,有助于企业更准确地确定自身在市场中的位置。大数据会计不仅丰富了绩效评价的内容,还提升了评价的时效性与准确性。通过实时采集、处理和分析数据,大数据会计能够迅速发现企业经营过程中的问题,如成本超支、销售下滑等,为管理层提供及时的预警信号。这促使管理层能够迅速反应,调整战略决策,从而有效规避风险,抓住市场机遇。此外,大数据会计的个性化决策支持功能,更是为企业决策带来了前所未有的便利。基于对企业历史数据与当前市场环境的深入分析,大数据会计能够为企业提供定制化的决策方案,无论是针对产品定价、市场推广还是投资决策,都能提供科学、精准的指导。这种个性化的决策支持,不仅提高了决策的效率,还大大增强了决策的准确性,助力企业在激烈的市场竞争中脱颖而出。

第四章　云计算在会计服务中的创新应用拓展

第一节　云计算在会计外包与共享服务中的应用

一、云计算与会计外包概述

(一)会计外包的概念与发展

会计外包,作为企业管理模式的一种创新实践,自 20 世纪 80 年代在西方国家兴起以来,随着全球化进程的加速与互联网经济的蓬勃发展,已逐渐成为我国企业优化资源配置、提升核心竞争力的战略选择。这一模式通过将会计业务委托给专业的外部机构,不仅使企业能够从烦琐的财务工作中解脱出来,集中精力于核心业务的发展与创新,还极大地降低了运营成本,提高了财务处理的效率与准确性。在互联网经济的推动下,会计外包服务展现出更加广阔的发展前景。一方面,云计算、大数据、人工智能等前沿技术的融合应用,为会计外包服务提供了强大的技术支持。云端平台使得会计数据的处理与存储更加高效、安全;大数据分析则能为企业提供深度洞察,辅助决策制定;而 AI 技术的引入,如智能审核、自动化报表生成等,进一步提升了会计服务的智能化水平,降低了人工操作的错误率。另一方面,会计外包市场的不断扩大与服务内容的日益丰富,也为专业会计服务机构带来了前所未有的发展机遇。从基础的账务处理、税务申报,到高级的财务咨询、风险管理,服务机构可根据企业的具体需求,提供定制化、全方位的会计解决方案。这种灵活多样的服务模式,不仅满足了企业多样化的财务需求,还促进了会计服务行业的专业化分工与协同创新。

(二)云计算与会计外包的融合

1. 数据存储与处理

在互联网经济的浪潮中,云计算平台技术的革新,不仅解决了传统会计在数据存储上的局限性,更为会计业务的高效处理与深度分析提供了强大支撑。云计算平台赋予企业的,是近乎无限的数据存储空间。会计信息,这一企业运营的核心数据,得以在云端安全、可靠地保存。无论是历史交易记录、财务报表,还是预算分析、成本控制数据,都能在云计算平台找到归宿。这种存储方式的变革,不仅确保了数据的完整性与安全性,还极大提升了数据访问的便捷性,使得企业能够随时随地获取所需会计信息,为快速决策提供了可能。更为关键的是,云计算平台所具备的数据处理能力,堪称会计工作的加速器。面对海量的会计数据,云计算平台能够迅速完成核算、分析、报告等一系列复杂任务。自动化的核算流程,减少了人为错误,提高了会计信息的准确性;智能化的分析工具,能够深入挖掘数据背后的价值,为企业的成本控制、预算管理、盈利预测等提供科学依据;而即时生成的财务报告,则让管理层能够实时掌握企业财务状况,为战略调整与市场响应赢得宝贵时间。

2. 协同工作

在互联网经济的浪潮下,云计算技术以其强大的数据处理能力与灵活的资源共享特性,为会计外包服务带来了革命性的变革。通过构建云端平台,会计外包服务机构与企业之间实现了前所未有的实时协同,这一模式极大地突破了传统会计外包在时空上的限制,促进了双方的高效合作与无缝对接。

云端共享数据,是云计算技术赋予会计外包服务的核心优势。企业可以将财务数据实时上传至云端,外包服务机构则能即时访问并处理这些数据,无论是日常的账务处理、报表编制,还是复杂的财务分析、税务筹划,都能在云端平台同步进行。这种即时性不仅显著提高了会计业务的处理效率,还确保了数据的准确性与一致性,避免了信息滞后或不对称而导致的决策失误。

协同工作,是云计算技术带来的另一大创新。在云端环境下,外包服务机构与企业可以组建虚拟团队,共同参与到会计流程的各个环节,从原始凭证的审核、账目的核对,到财务报告的编制、财务分析的讨论,团队成员可以随时随地在线协作,沟通成本大大降低,工作效率却显著提升。此外,云端平台还支持多人同时编辑同一文档,实现了会计工作的并行处理,进一步缩短了会计周期,提升了服务的响应速度。

云计算技术的应用,还促进了会计外包服务模式的创新。服务机构可以根据企业的实际需求,定制个性化的会计解决方案,并通过云端平台持续提供远程支持与服务。这种灵活性不仅满足了企业多样化的会计需求,还推动了会计外包服务向更高层次的专业化与智能化发展。

3. 业务拓展

在互联网经济的蓬勃兴起中,云计算平台以其强大的技术支持与灵活的服务模式,为会计外包服务机构开辟了广阔的业务拓展空间,极大地丰富了会计服务的内涵与外延。这一技术驱动的变革,不仅促进了会计服务的专业化与精细化发展,更为企业整体财务管理水平的提升注入了强劲动力。云计算平台为会计外包服务机构搭建起一个高效、安全、可扩展的服务架构。在这一平台上,服务机构能够轻松提供诸如财务咨询、税收筹划、审计服务等多元化服务。财务咨询,借助云计算的数据分析能力,为企业量身定制财务管理优化方案,助力企业精准把控财务风向标;税收筹划,则利用云计算的智能算法,为企业规划合理的税务架构,有效降低税负,提升利润空间;而审计服务,在云计算的支持下,实现了远程审计、实时审计,大大提高了审计效率与准确性,为企业财务健康保驾护航。这些服务的拓展,不仅满足了企业对会计服务深度与广度的双重需求,还促进了会计外包服务机构自身的转型升级。服务机构可以更加专注于核心竞争力的提升,通过云计算平台整合优质资源,打造专业化服务团队,为企业提供更加全面、高效、个性化的财务管理解决方案。同时,云计算的实时交互与数据共享特性,也加强了服务机构与企业之间的沟通与协作,使得服务更加贴近企业实际需求,提升了服务的响应速度与质量。

4.安全性与合规性

为了确保企业会计数据的安全,云计算平台采用了多层次、全方位的安全防护措施,构建起坚不可摧的数据保护屏障。数据加密技术,是云计算平台保障数据安全的首要手段。无论是数据在传输过程中的加密,还是存储时的静态加密,都采用了行业领先的加密算法,确保数据在任何环节都不被非法访问或窃取。此外,访问控制与身份认证机制,严格限制了对数据的访问权限,只有经过授权的用户才能访问特定的数据资源,进一步增强了数据的安全性。云计算服务提供商还投入大量资源,建设了高度可靠的数据中心,配备了先进的防火墙、入侵检测系统等安全设施,以及定期的安全审计与漏洞扫描,及时发现并修复潜在的安全风险,确保平台的稳定运行与数据的安全无忧。在合规性方面,云计算服务提供商严格遵守国家相关法律法规,确保会计外包业务的合法合规。从数据的收集、处理、存储到传输,每一个环节都遵循既定的法律框架与行业标准,确保企业数据的合法使用与保护。

二、云计算在会计外包中的应用实践

(一)云计算在会计核算中的应用

企业通过将会计核算业务外包给专业的云服务提供商,借助云计算的强大能力,实现了核算流程的标准化、自动化与高效化。这一创新策略不仅提升了会计核算的精准度,更为企业的财务管理带来了前所未有的灵活性与成本效益。云计算技术以其卓越的数据处理能力,能够迅速处理并分析海量的会计数据,确保会计核算的准确性与时效性。自动化的核算流程减少了人为干预,降低了错误率,使得会计信息更加可靠,为企业的决策支持提供了坚实的基础。同时,云服务提供商往往拥有一支经验丰富的会计专业团队,他们熟悉会计准则,精通核算技巧,能够为企业提供专业、高质量的会计核算服务,确保企业财务报表的合规性与透明度。更为显著的是,云计算的灵活性与可扩展性,为企业应对业务变化提供了极大的便利。随着企业的发展壮大,会计核算需求也会相应增加。云计算平台能够根据企业的实际需求,动态调整核算资源,无论是增加处理能力,还是扩展存储空间,都能迅速响应,无须企业进行大规模的硬件投资,从而有效降低了运营成本,提升了企业的市场竞争力。此外,云计算还促进了会计服务的创新与升级。云服务提供商不断探索新技术在会计核算中的应用,如人工智能、大数据分析等,这些前沿技术的融合,使得会计核算更加智能化,能够为企业提供更加深入、全面的财务洞察,助力企业在激烈的市场竞争中脱颖而出。

(二)云计算在财务报告编制中的应用

企业利用云计算平台,将财务数据实时上传至云端,实现了数据的集中管理与高效分析。这一变革不仅打破了数据孤岛,还让财务数据在企业内部流动起来,为财务报告的编制提供了全面、准确的数据基础。云服务提供商,作为云计算技术的专业应用者,根据企业的具体需求,设计并提供定制化的财务报告模板。这些模板不仅符合会计准则与行业标准,还融入了先进的数据分析工具与可视化元素,使得财务报告的编制更加快速、准确,且易于理解。企业只需在模板中填入相关数据,即可自动生成符合要求的财务报告,大大减轻了会计人员的工作负担,提高了报告的质量与效率。云计算技术还极大地提升了财务报告的时效性与准确性。通过在线审批、共享和分发功能,财务报告可以在云端实现即时传递与反馈,无须纸质文件的传递与邮寄,缩短了报告周期,确保了信息的及时传达。同时,云端平台还支持多人同时在线查看与编辑报告,促进了团队协作与沟通,进一步提高了报告的准确性。此外,云计算技术还赋予了企业对财务报告的远程查看与监控能力。管理层无论身处何地,都能通过互联网访问云端平台,实时查看企业的财务状况,包括关键财务指标、现金流状况、成本构成等,为企业的战略决策提供了即时、全面的数据支持。

(三)云计算在税务处理中的应用

云服务提供商凭借对税收法规的深刻理解与专业技术实力,为企业构建起一套全面、高效、智能的税务管理体系。在税收筹划方面,云服务提供商能够紧跟税收法规的变化,结合企业的实际经营情况,提供专业的税收筹划建议。云计算平台的大数据分析与智能算法,能精确计算不同税务策略下的税负差异,帮助企业找到最优的税务筹划方案,有效降低税收成本,提升利润空间。税务申报环节,云计算的优势更加显著。传统的税务申报过程烦琐复杂,而云计算平台则能实现申报数据的自动填写、智能审核与一键提交。这不仅极大地提高了申报效率,减少了人为错误,还确保了申报数据的准确性与合规性,让企业能够轻松应对税务申报的挑战。更进一步,云计算在税务数据分析方面的应用,为企业提供了税收风险预警与税收优化建议。通过对企业税务数据的深度挖掘与分析,云计算平台能够及时发现潜在的税收风险点,提醒企业采取相应措施予以规避。同时,基于数据分析的税收优化建议,能够帮助企业进一步调整税务策略,实现税收负担的最小化与税务合规的最大化。

(四)云计算在审计过程中的应用

审计师借助云计算平台,能够实时获取并处理企业的财务数据,这一变革打破了传统审计的地域与时间限制,实现了远程审计的常态化。无论审计对象位于何处,审计师都能通过云端即时访问其财务系统,进行账目核查、交易追踪,大大缩短了审计周期,提高了审计的响应速度。云计算技术不仅在数据获取上展现出优势,更在数据分析方面大放异彩。通过自动化的数据提取与分析工具,云计算能够迅速识别数据中的异常模式、潜在风险,为审计师提供精准的数据洞察。这些分析工具运用机器学习、数据挖掘等先进技术,帮助审计师从海量数据中提炼出关键信息,提高了审计的准确性与深度,使得审计过程更加科学、高效。此外,云计算平台还实现了审计底稿的在线存储与共享,为审计团队的协同工作提供了极大便利。审计师可以在云端实时编辑、审阅底稿,团队成员之间的沟通与协作变得更加顺畅,避免了传统审计中文件传递、版本更新等问题导致的效率损耗。这种在线协作模式,不仅提高了审计效率,还确保了审计底稿的一致性与完整性。在审计过程中,云服务提供商还扮演着重要角色,不仅提供技术支持,还根据企业的具体情况,提供专业的审计咨询与合规建议。

第二节 云计算会计服务的成本效益分析

一、云计算会计服务的成本分析

(一)云计算会计服务的成本构成

在互联网经济的浪潮下,会计行业的成本构成多元且复杂,全面体现了技术与服务的深度融合。硬件设施成本作为基石,囊括了高性能服务器、先进网络设备等的采购与随时间推移的折旧费用,为会计数据的存储与传输提供坚实的物理支撑。软件研发成本则聚焦于会计软件的持续创新,包括初始研发投入、定期功能升级以及必要的维护作业,确保软件能够紧跟会计准则变化,满足企业多样化的财务需求。运维管理成本是保障系统稳定运行不可或缺的一环,它覆盖了技术支持团队的日常运营、系统实时监控以及高效故障响应机制,确保会计服务的连续性和可靠性。数据存储与处理成本,随着大数据时代的到来而越发显著,涉及数据中心的维护、数据安全防护及高效数据处理能力的提升,为海量会计信息的存储与分析提供强大后盾。服务提供成本则直接关联到用户体验,包括客户支持服务的建立与优化,如在线咨询、问题解答等,以及针对用户的定制化培训,帮助用户快速掌握云计算会计工具,提升工作效率。这些成本共同构成了云计算会计服务的价值链条,不仅反映了技术进步的投入,也体现了对服务质量与客户满意度的重视。

(二)云计算会计服务成本与传统会计服务成本的对比

传统会计服务模式,其依赖于企业自行购置昂贵的硬件设备与专业会计软件,加之持续的维护升级费用,使得企业在初期就需承担较重的财务负担。此模式不仅限制了资金的灵活性,还增加了长期运营成本。然而,随着云计算技术的迅猛发展,云计算会计服务应运而生,为会计领域带来了一场成本效益的革命。云计算会计服务采用按需付费的灵活计费模式,企业无须进行大规模的一次性投资,即可享受高质量的会计信息处理服务。这一转变极大地降低了企业的初始投入成本,使得资金能够更高效地运用于核心业务的发展上。同时,云计算平台通过集中化管理与规模化运营,有效分摊了系统运维、数据安全、存储备份等多方面的成本,进一步削减了企业的整体运营开支。更为重要的是,云计算会计服务促进了会计工作的效率与准确性提升。云端系统能够实时处理大量数据,自动化完成账目核对、报表生成等烦琐任务,减少了人工错误,提高了会计信息的时效性。此外,云计算平台通常配备有先进的数据分析工具,为企业提供了更深入的财务洞察,助力管理层做出更加精准的决策。

（三）影响云计算会计服务成本的因素

1. 技术进步与规模效应

硬件设备的飞速迭代，不仅极大地提升了计算能力与存储效率，还伴随着生产成本的显著下降，这为云计算会计服务提供了强有力的物理基础，使得服务提供商能够以更低的成本构建高效、稳定的会计信息系统。高性能服务器与网络设备的广泛应用，让数据处理与传输速度日新月异，而成本的降低则直接转化为服务价格的竞争力，为企业采用先进的云会计解决方案铺平了道路。随着服务提供商运营规模的扩大，固定成本在总成本中的占比逐渐降低，单位服务成本随之减少，这种经济效应使得服务提供商有能力为企业提供更为经济实惠的价格方案，而不牺牲服务质量。这种成本优势的传递，促进了云会计服务的普及，尤其对于中小企业而言，降低了其接入数字化会计管理的门槛，加速了行业整体向智能化、高效化转型的步伐。在此背景下，会计创新策略需紧跟技术进步的步伐，充分利用云计算的弹性扩展能力与成本效益优势。一方面，通过持续优化软件架构，提升会计软件的自动化、智能化水平，减少人工干预，提高处理效率；另一方面，深化数据分析与挖掘能力，为企业提供更具洞察力的财务分析报告，助力决策优化。同时，加强数据安全与隐私保护机制，建立用户信任，是云计算会计服务持续健康发展的基石。

2. 服务提供商的运营策略

在互联网经济的广阔舞台上，服务提供商的运营策略对于云计算会计服务成本的优化扮演着至关重要的角色,它不仅关乎服务提供商自身的竞争力,也深刻影响着企业采用云会计服务的成本效益。合理的服务定价策略,是吸引并留住客户的关键,它需基于成本分析与市场定位,寻找价格与价值的最佳平衡点,既确保服务提供商的合理利润,又让企业享受到经济实惠的服务。同时,灵活的优惠措施,如新用户试用期的免费体验、长期合作客户的折扣优惠等,不仅能有效降低企业的初期投入,还能增强客户黏性,促进双方共赢。客户拓展策略同样对成本控制具有间接但深远的影响。通过精准的市场定位与有效的营销策略,服务提供商能够更高效地触达目标客户群体,扩大服务规模,从而利用规模效应降低单位成本。此外,构建开放的合作生态,与软件开发商、咨询服务商等建立伙伴关系,共同为企业提供一站式的会计解决方案,也能在保证服务质量的同时,分摊成本,提升整体运营效率。内部管理优化与运营效率提升,则是服务提供商从内部挖掘成本节约潜力的关键。通过引入先进的管理工具与技术,如自动化流程、智能化监控等,可以显著降低运维成本,提高服务响应速度。同时,加强员工培训,提升团队的专业技能与服务意识,不仅能提升客户满意度,还能通过高效的工作方式减少不必要的成本开支。

二、云计算会计服务的效益分析

(一)云计算会计服务的优势

1.提高工作效率

云环境下,会计软件的迭代升级与日常维护重任,由专业的服务提供商一力承担,企业因此得以摆脱烦琐的技术更新任务,无须再分配宝贵的时间与资源于系统升级之上。这一转变确保了企业能够无缝对接会计领域的最新技术成果,始终运用最前沿、效能最高的会计工具,从而在激烈的市场竞争中保持会计处理的领先地位。更为显著的是,云计算所赋予的远程接入能力,彻底打破了传统会计工作的时空限制。会计人员无论身处何地,只需连接互联网,即可随时随地进行账务处理、数据分析等核心工作,极大地提升了工作的灵活性与响应速度。这一特性不仅促进了工作效率的飞跃,还为企业应对突发状况、快速决策提供了强有力的支持,确保了在快速变化的商业环境中,会计信息的流转与处理始终保持高效与准确。会计创新策略应紧抓云计算带来的机遇,深化技术融合与应用拓展。一方面,企业应积极拥抱云端会计服务,利用其在成本效益、技术更新、工作灵活性等方面的优势,重整会计流程,提升财务管理效能;另一方面,需加强会计团队的数字化能力培养,确保会计人员能够熟练掌握云计算会计工具,充分发挥其远程协作、数据分析等能力,为企业创造更大的价值。

2. 降低企业成本

云计算会计服务允许企业根据自身的实际规模和业务需求,灵活选择服务套餐,无须承担传统会计软件高昂的一次性购买费用,大大降低了初期的资金投入压力。这种弹性化的服务方式,不仅满足了企业不同阶段的发展需求,还促进了资源的有效配置,体现了互联网经济下服务个性化与成本效益最大化的结合。更进一步,云计算会计服务的采用,极大减轻了企业对 IT 基础设施的依赖。以往,企业需要投入大量资金用于服务器、存储设备等硬件的采购、日常维护以及周期性的升级换代,这不仅占用了宝贵的资金,还增加了管理的复杂度。而云服务模式下,这些硬件需求被转移到服务提供商处,企业无须再为硬件问题分心,只需专注于核心业务的发展。服务商通过专业的运维团队和高效的数据中心,确保服务的稳定性与安全性,企业则能享受到即开即用的便捷,同时节省了硬件相关的各项成本。长期来看,云计算会计服务的按需付费与硬件依赖的减少,共同促进了企业成本结构的优化。成本的可预测性和可控性显著增强,企业能够更好地规划财务预算,将更多的资源投入到核心业务创新与市场拓展中。此外,随着云计算技术的不断进步和服务商之间的竞争加剧,服务成本有望进一步降低,企业将享受到更加经济、高效的会计服务,为其在互联网经济中的持续发展奠定坚实的财务基础。

3. 提升数据安全性

云服务提供商,凭借其专业的数据安全团队与深厚的技术积累,构建起了远超本地服务器的安全防护体系。通过采用先进的加密传输技术,会计数据在传输过程中被严密保护,有效防止了数据泄露与非法访问,确保了信息的机密性与完整性。此外,云计算会计服务还采用了多副本存储策略,将数据分散存储在多个地理位置不同的服务器上。这一举措不仅提升了数据的可用性,更在物理层面为数据安全筑起了坚实的防线。即便面对自然灾害等不可抗力,企业也无须忧虑数据丢失的风险,因为云服务提供商早已建立了完善的数据备份与恢复机制,能够迅速响应,确保数据的连续性与可恢复性。会计创新策略应充分利用云计算在数据安全方面的优势,推动企业会计管理的现代化转型。企业应积极采用云计算会计服务,依托其强大的数据安全体系,降低数据管理风险,提升会计信息的可靠性与安全性。同时,鼓励会计人员学习云计算相关知识,理解其数据安全机制,以便更好地利用云服务进行高效、安全的会计工作。

4.增强业务灵活性

在互联网经济的浪潮中,云计算会计服务以其卓越的灵活性,为企业财务管理带来了前所未有的变革,成为企业应对市场变化、实现战略调整的得力助手。这一服务模式允许企业根据业务发展的实际需求,动态调整会计服务的内容与规模,实现资源的弹性伸缩。当市场环境发生变化,或是企业业务出现快速增长时,企业可以迅速增加云服务的使用量,获取更多的计算资源、存储空间和高级功能,确保财务流程的顺畅运行与数据的准确处理,为决策层提供及时、全面的财务信息支持。反之,在业务需求减少或市场进入平稳期时,企业可以相应地减少云服务的使用量,降低成本开支,实现资源的优化配置。这种按需分配、灵活调整的能力,赋予了企业在市场波动中快速响应、灵活变通的竞争优势。企业不再受限于传统的固定资产投入和冗长的决策流程,而是能够迅速捕捉市场机遇,调整经营策略,以更快的速度、更低的成本适应市场变化,从而在激烈的市场竞争中占据有利地位。云计算会计服务的灵活性,还体现在其对创新业务的支持上。随着互联网经济的发展,新业务模式层出不穷,企业对会计服务的需求也日益多样化。云计

算平台能够轻松集成各类财务应用,支持多币种、多语言、多会计
准则的会计处理,为企业的全球化战略和多元化经营提供强有力
的支撑。

(二)云计算会计服务的潜在风险与挑战

1. 技术风险

在互联网经济的广阔舞台上,云计算会计服务以其高效与灵
活著称,为企业会计管理带来了深刻变革,然而,尽管云计算技术
日臻完善,其固有的技术风险仍不容忽视。云服务提供商若遭遇
系统故障,可能瞬间阻断企业对会计服务的访问,影响日常运营与
财务决策的及时性。这一风险要求企业在享受云服务的便利的同
时,必须建立相应的应急响应机制,确保在服务中断时能迅速切换
至备用方案,维持会计工作的连续性。另一挑战源自云计算对网
络的高度依赖,数据传输的流畅性直接关乎会计工作的效率与质
量,而网络的不稳定性,如带宽限制、延迟、中断等,都可能成为数
据传输的绊脚石,导致会计信息无法及时准确传递,影响企业的财
务分析与决策制定。因此,企业在选择云服务提供商时,应重点考
察其网络基础设施的稳定性与可靠性,同时,利用先进的网络技
术,如 SD-WAN(软件定义广域网),优化网络架构,提高数据传输
的鲁棒性。会计创新策略需围绕这些技术风险,构建全面的风险
管理与应对体系。企业应加强与云服务提供商的沟通与合作,共
同制订服务故障应急预案,确保在紧急情况下能快速恢复会计服
务。同时,投资于网络优化技术,提升数据传输的稳定性与速度,

为云计算会计服务的顺畅运行保驾护航。

2. 法律法规风险

不同国家和地区对于数据保护的法律框架与监管要求各不相同,有的强调数据本地化存储,有的则对数据跨境流动设定严格限制,还有的对数据处理的透明度与用户权利有明确规定。因此,企业在享受云计算会计服务带来的便捷与高效时,必须审慎选择云服务提供商,确保其服务符合所在地区的法律法规要求。这一选择过程,不仅是对服务提供商的技术实力与服务质量的考量,更是对其合规性的深度审查。企业应重点关注服务商是否具备完善的数据安全管理体系,是否采用了加密技术保护数据传输与存储的安全,是否有严格的数据访问控制机制,以及是否遵循了相关的数据保护与隐私法规。此外,服务商对于数据跨境流动的处理能力也尤为重要,特别是在全球化经营的企业中,确保数据流动的合法性与合规性,是避免法律风险、维护企业声誉的关键。在这个过程中,企业可以借助专业的法律咨询,对云服务合同进行细致的审查,明确双方在数据安全与隐私保护方面的责任与义务,确保服务的使用不会触及任何法律红线。

3. 市场竞争与行业规范

在互联网经济的推动下,云计算会计服务市场迎来了爆发式增长,竞争态势越发激烈。

企业置身于这一变革之中,需保持敏锐的市场洞察力,持续追踪行业动态,以便在众多服务提供商中甄选出最具竞争力与合作潜力的伙伴。这一过程不仅关乎成本效益与服务质量的考量,更是对企业战略眼光与决策能力的考验。然而,市场的快速发展往往伴随着行业规范的不完善。在云计算会计服务领域,缺乏统一、严格的标准与监管,可能导致服务质量参差不齐,为企业带来数据安全、服务连续性等方面的潜在风险。因此,企业在享受云计算带来的便利与效率的同时,必须高度重视行业规范的发展动态,确保所选服务不仅满足当前的业务需求,还能在长远发展中提供稳定、可靠的支持。会计创新策略应聚焦于构建基于市场与规范双重考量的服务选择框架,企业应加强对云计算会计服务市场的分析,综合运用行业报告、用户评价、专业评测等手段,全面评估服务提供商的实力与信誉;同时,积极参与行业交流与标准制定活动,推动行业规范的完善与落地,为自身及整个行业的健康发展贡献力量。

第三节　云计算会计服务的风险管理与合规性

一、风险管理与控制

(一)云计算会计服务面临的风险类别

在互联网经济蓬勃发展的当下,云计算技术正深刻改变着各行各业的运营模式,会计服务领域亦不例外。企业纷纷将会计流程迁移至云端,以期实现成本降低、效率提升与灵活性增强。然而,这一转型并非坦途,伴随而来的是一系列复杂且多维的风险挑战。

第一，数据安全风险。在云端环境下，企业的财务数据面临更广泛的暴露面，数据泄露、恶意篡改及意外丢失成为不容忽视的隐患。这要求企业在享受云端便利的同时，必须构建起严密的数据安全防护体系，包括加密技术的应用、访问权限的严格控制以及定期的数据备份与恢复机制，确保数据在传输、存储及处理过程中的完整性与保密性。

第二，系统稳定性风险。云端服务的任何中断都可能对企业的日常运营造成重大影响，因此，选择具备高可用性与容灾能力的云服务提供商至关重要。此外，企业还需建立有效的监控与应急响应机制，以便在系统出现故障时能够迅速恢复服务，最大限度地减少业务中断时间。

第三，服务商信用风险。在选择服务商时，企业应全面评估其市场声誉、专业技术实力、服务经验及持续支持能力，确保服务商能够长期稳定地提供高质量的会计服务。

第四，法律法规风险。不同国家和地区对于数据保护、隐私权益及会计准则有着各自的规定，企业需密切关注相关法律法规的动态变化，确保会计服务的合规性，避免违反规定而引发的法律纠纷与经济损失。面对这些挑战，企业需不断创新策略，加强内部管理，优化技术架构，与服务商紧密合作，共同构建一个安全、高效、合规的云端会计服务体系。

（二）风险识别与评估方法

在互联网经济蓬勃发展的背景下，云计算会计服务已成为企业数字化转型的关键一环，其高效、灵活的特点为企业财务管理带来了前所未有的便利。然而,伴随而来的是一系列复杂且多变的风险挑战,这要求企业必须构建起一套全面而精细的风险识别与评估体系,以确保会计信息的安全性、准确性与合规性。风险识别作为首要步骤,旨在全面扫描云计算会计服务中潜藏的各种风险点。组织跨部门的头脑风暴会议,集合不同领域专家的知识与经验,能够激发创新思维,发掘出那些不易察觉的风险因素。同时,深入分析历史上的相关案例,可以汲取前车之鉴,识别出风险的可能表现形式及演变趋势。这一过程不仅涉及技术层面的风险,如数据安全、系统稳定性等,还涵盖了业务流程、法律法规遵从性等多维度风险。紧接着的风险评估环节,则是将识别出的风险置于量化的视角下审视。利用概率和影响矩阵,企业可以为每项风险分配一个具体的发生概率及潜在影响等级,从而直观地比较各风险项的紧迫性与严重性。此外,蒙特卡罗模拟等先进工具的应用,能够进一步模拟风险事件在不同情境下的可能结果,为企业提供更为精确的风险预估。这种基于数据的评估方法,有助于企业做出更加科学的决策,合理分配资源以优先应对高风险领域。

(三)风险防范与应对措施

1. 数据安全与隐私保护

为了确保会计数据在云端环境中的安全无忧,企业需采取一系列创新策略来强化数据保护屏障。加强数据加密技术是防范数据泄露与篡改的首要防线,企业应利用先进的加密算法,对传输中的数据流以及存储于云端的数据库进行加密处理,确保即使数据在传输过程中被截获,或在云端遭遇非法访问,也能保持数据的不可读性,从而有效保护数据的安全性与隐私性。实施严格的访问控制机制是防止敏感数据被未经授权人员访问的重要手段,企业需建立细粒度的权限管理体系,根据员工的职责与需求分配最小必要权限,同时采用多因素认证、生物识别等高科技手段增强身份验证的可靠性,确保只有合法用户才能访问到相应的会计数据。此外,建立完备的数据备份与恢复机制是应对数据丢失或损坏风险的必要措施。企业应定期将云端数据进行备份,并存储在地理上分散的多个数据中心,以确保在单一数据中心发生故障或遭受攻击时,能够迅速从备份中恢复数据,保障会计服务的连续性与数据的完整性。

2. 系统稳定性与业务连续性

在互联网经济快速发展的今天,会计系统的稳定性与业务连续性对于企业的持续运营至关重要。为确保这一目标的实现,企业需采取一系列策略来强化云计算会计服务的可靠性。首要任务是慎重选择云计算服务商,应聚焦于那些具备高可用性、高可靠性服务记录的供应商。这类服务商通常拥有先进的基础设施、冗余设计以及强大的技术支持团队,能够在最大程度上减少系统宕机和性能下降的风险,为会计数据的处理与存储提供坚实的基础。除此之外,建立一套全面的系统监控和预警机制同样不可或缺。通过部署智能监控工具,实时追踪系统运行的各项指标,包括响应时间、资源利用率及潜在错误日志等,能够实现对系统状态的全方位把控。一旦监测到异常或潜在故障,预警系统应立即触发,通知相关人员迅速介入处理,将问题扼杀在萌芽状态,避免其对业务造成实质影响。同时,企业还需制订详尽的业务连续性计划,以应对不可预见的系统故障或灾难性事件。该计划应涵盖数据备份与恢复策略、应急响应流程、替代工作方案以及与客户、供应商的沟通机制等多个方面。通过定期的演练与测试,确保在真实情况下,企业能够迅速启动预案,实现业务的无缝切换与恢复,最大程度减少业务中断带来的损失。

3. 服务商选择与合同管理

选择适合的云计算会计服务商,对于优化财务管理流程、提高数据处理效率及保障信息安全至关重要。企业应着重考察服务商的信誉与口碑,这直接关系到服务质量和持续合作的可靠性,良好的业界评价是服务商专业能力与服务态度的直接体现。同时,服务商的技术实力与服务水平也是不可忽视的考量因素,包括其云平台的稳定性、数据处理能力、智能化工具的集成度以及客户服务响应速度等,这些都直接影响到企业会计工作的高效运行与决策支持的有效性。安全保障措施更是选择过程中的重中之重,鉴于会计数据的敏感性,服务商必须能提供严密的数据加密技术、访问控制机制、备份恢复策略以及符合行业标准的合规性证明,确保企业财务信息在传输、存储及处理过程中的绝对安全。此外,构建一份详尽且周全的服务合同是保障双方权益的基础。合同中应明确服务范围、性能指标、服务响应时间、数据隐私保护条款、违约责任及争议解决机制等关键内容,通过精细化的合同管理,实现对服务全周期的有效监控与调整。特别要注重合同的灵活性,以便在技术迭代或业务需求变化时,能够顺畅地进行服务条款的修订与补充,确保合作关系的长期稳定。

二、合规性探讨

(一)云计算会计服务合规性要求分析

云计算会计服务作为会计行业的创新策略,其合规性不仅是业务稳健运行的基石,也是维护市场秩序与保障信息安全的重要防线。遵循会计法的严格要求,云计算会计服务致力于实现会计信息的真实性、完整性与准确性,通过技术手段加强数据加密与访问控制,确保会计数据在云端存储与传输过程中的安全性,符合网络安全法等相关法规的精神。同时,行业内部也在不断探索与建立更为细化的规范体系,如《信息安全技术云计算服务安全能力要求》等标准的出台,为云计算会计服务提供了具体的操作指南与合规框架。这些标准不仅强调了技术层面的安全防护措施,还鼓励企业采用先进的身份认证、审计追踪及应急响应机制,以全面提升服务的安全性与可信度。为了实现合规性目标,云计算会计服务提供商需从内部管理着手,构建完善的内部控制体系。这包括但不限于制定严格的数据管理制度、明确岗位职责与权限划分、实施定期的安全审计与风险评估,以及建立快速响应的合规监督机制。可通过优化内部管理流程,确保每一步操作都能追溯到具体责任人,有效防范合规风险,提升服务质量与效率。

（二）合规性检查与审查要点

1. 数据合规性检查

在互联网经济浪潮中,会计行业的数字化转型正如火如荼地进行,云计算会计服务以其高效、灵活的特点成为众多企业的首选。然而,伴随而来的是对数据合规性的严格要求,这不仅是法律法规的硬性规定,也是企业会计创新策略中不可或缺的一环。数据合规性检查,聚焦于数据的真实性、完整性、保密性和可追溯性,是确保云计算会计服务合规性的核心手段。在数据存储、传输、处理的全链条中,必须严格遵守国家相关法律法规,确保每一步操作都合法合规。服务商需采用先进的加密技术,保护数据在传输过程中的安全,防止数据被截获或篡改。同时,云端存储的数据安全性与隐私保护同样重要,服务商应建立多重防护机制,如访问控制、数据隔离、定期安全审计等,确保数据不被非法访问或泄露。数据访问权限的控制是数据合规性的另一道防线,通过实施严格的权限管理制度,确保只有经过授权的人员才能访问特定数据,有效防止数据泄露风险。此外,服务商还需建立完善的日志记录系统,记录所有数据操作行为,确保在发生数据安全事件时,能够迅速定位问题,追溯数据流向,为数据恢复和追责提供有力支持。

2. 服务商合规性审查

选择一家合规的云计算会计服务提供商,对于确保企业会计数据的安全、准确与合规至关重要。审查过程中,需全面考量服务商的多维度能力。服务商是否持有相关资质与认证,是评估其专业性与合规性的首要标准。包括但不限于会计服务资质、信息安全管理体系认证等,这些权威认证不仅证明了服务商的技术实力,也体现了其对行业规范与法律法规的遵循。网络安全防护能力是审查中的关键环节,服务商应具备强大的数据加密技术、访问控制机制以及防火墙等安全设施,能够有效抵御网络攻击,保障会计数据在传输、存储过程中的安全无忧。同时,服务商还需具备完善的安全监测与应急响应体系,确保在遭遇安全事件时能够迅速响应,降低损失。会计业务处理能力与服务质量同样不容忽视,服务商应拥有专业的会计团队,熟悉会计准则与税务法规,能够为企业提供精准、高效的会计服务。此外,服务商的服务响应速度、问题解决能力以及客户反馈机制,也是衡量其服务质量的重要指标。

3. 用户企业合规性自评估

在互联网经济快速发展的背景下,云计算会计服务以其高效便捷的特性,成为企业优化财务管理、提升竞争力的关键工具。然而,伴随其广泛应用,合规性问题也日益凸显,要求企业在使用过程中,必须定期进行合规性自评估,以确保业务运营与法律法规、行业规范及内部管理制度的严格对齐。自评估的核心内容涵盖企业内部控制制度的有效性,这涉及会计流程、审批机制、内部审计等多个方面,旨在确保企业会计活动的规范性与透明度。同时,数据安全管理措施的落实情况也是评估的重点,包括数据加密、访问控制、备份恢复等,以全面保障企业财务数据的安全与隐私。此外,对服务商的合规性审查执行情况也需纳入自评估范畴,企业应关注服务商是否具备相应的合规资质,是否遵循行业最佳实践,以及其在数据保护、隐私制度等方面的表现,从而确保云计算会计服务的合规性与可靠性。通过定期的合规性自评估,企业能够及时发现潜在的风险隐患,如内部控制漏洞、数据安全威胁或服务商合规性问题,进而迅速采取针对性措施进行整改。这不仅有助于提升企业的风险管理能力,还能确保云计算会计服务的合规性,为企业的数字化转型与可持续发展提供坚实保障。

第五章 人工智能会计与自动化 处理的最新进展

第一节 人工智能会计的最新技术进展

一、人工智能会计的核心技术分析

（一）数据采集与预处理技术

数据采集与预处理技术关乎数据的全面性、准确性与时效性，是确保 AI 会计系统高效运行的关键。在互联网经济的推动下，数据采集已不再局限于企业内部单一的 ERP 或 CRM 系统，而是拓展至包括第三方财务报表、市场动态数据、消费者行为数据在内的多元化外部数据源。这些数据共同构成了企业财务分析的丰富素材，为 AI 会计提供了前所未有的信息深度与广度。预处理阶段，则是对采集到的原始数据进行深度加工与优化的过程。面对海量且复杂的数据，清洗、转换与整合成为必备步骤。清洗旨在剔除数据中的错误、噪声与冗余，确保数据的纯净度；转换则是将数据统一为 AI 系统可识别的格式，便于后续处理；整合则是将分散于不同来源的数据有机融合，构建起全面、一致的数据视图。近年来，随着爬虫技术、数据挖掘技术的飞速发展,数据采集与预处理的自动化程度显著提升,不仅极大地缩短了数据处理周期,还提高了数据处理的精度与效率。在此背景下,会计创新策略应聚焦于如何充分利用这些先进技术,构建更加智能、高效的数据处理体系。

(二)机器学习与深度学习算法在会计中的应用

机器学习与深度学习作为人工智能的两大核心算法,如同两把锐利的钥匙,解锁了海量历史会计数据背后的隐藏规律,为企业的预测、分类及优化决策提供了前所未有的支持。机器学习算法以其强大的数据分析能力,成为企业财务风险预测、收入预测及成本控制的得力助手。它能够从纷繁复杂的财务数据中提炼出关键信息,构建精准预测模型,帮助企业提前洞察市场变化,合理规避潜在风险,同时优化资源配置,确保每一分投入都能带来最大化的回报。在互联网经济的高速发展中,这种基于数据的决策支持显得尤为重要,它使企业能够在激烈的市场竞争中保持敏捷与灵活。而深度学习,则以其在图像识别、语音识别等领域的显著优势,逐渐渗透到会计工作的各个环节。在发票验真方面,深度学习算法能够迅速识别发票的真伪,有效防止虚假报销,保障企业财务数据的真实性。在财务报表自动审核中,它则能精准捕捉报表中的异常数据,提高审核效率,降低人为错误,确保财务信息的准确性与合规性。

(三)自然语言处理技术在会计领域的应用

作为 AI 会计的核心组成部分,自然语言处理(NLP)技术赋予了计算机理解、解析人类语言的能力,从而在会计实践中展现出巨大潜力。在财务报表解析方面,NLP 能够自动识别并提取报表中的关键财务数据,如收入、成本、利润等,极大地提高了数据处理的效率与准确性,降低了人工录入的错误率与成本。同时,在合同审核过程中,NLP 技术能够智能识别合同条款中的关键信息,如支付条件、违约责任等,为法务与财务部门提供了强有力的支持。此外,NLP 技术在会计领域的语义搜索应用同样引人注目。它使得用户能够通过自然语言查询,快速定位到所需的财务信息,无论是埋藏在海量报表中的细节数据,还是散落在各类文件中的关键条款,都能被迅速检索出来,极大地提升了信息获取的效率。更为重要的是,NLP 技术还能够进行情感分析,通过对社交媒体、新闻报道等非结构化文本数据的深度挖掘,了解公众对企业的评价与市场情绪,为企业的战略规划与决策制定提供了有价值的参考。

(四)计算机视觉技术在会计领域的应用

计算机视觉技术作为人工智能会计领域的璀璨明珠,正以其独特的图像处理能力,引领着会计工作的自动化与智能化革新,通过对图像、视频等视觉数据的深度解析,实现了会计信息的精准识别与高效提取,为会计行业带来了前所未有的变革。在发票识别、支票处理等日常会计工作中,计算机视觉技术展现出了强大的实力。它能够自动捕捉并识别票据上的关键信息,如金额、日期、收款人等,实现数据的快速录入与核对,极大地提高了会计工作的效率与准确性。这一技术的应用,不仅减轻了会计人员的手工输入负担,还避免了人为因素导致的错误,确保了会计信息的真实性与可靠性。更进一步,计算机视觉技术在财务报表的图像识别、印章验证等方面也展现出了广阔的应用前景。它能够智能识别财务报表中的各项数据,实现报表的自动审核与归档,为企业的财务管理提供了强有力的支持。同时,在印章识别方面,计算机视觉技术能够精准辨别印章的真伪,有效防范财务欺诈风险,保障企业财务活动的安全与合规。

二、最新技术进展

(一)智能识别与自动化处理技术

智能识别与自动化处理技术的引入,彻底颠覆了传统会计作业模式,实现了对会计凭证、发票等核心财务信息的自动识别与高效处理,显著提升了会计工作的效率与精准度。特别是光学字符识别(OCR)技术的应用,使得人工智能会计系统能够迅速且准确地捕捉财务报表中的文字与数字信息,自动完成数据录入、审核及报表生成等一系列烦琐任务,极大地减轻了会计人员的工作负担,加速了财务流程的运转。更为深远的是,智能识别技术不仅局限于数据的录入与处理,它还为会计领域的风险控制与合规性检查提供了强大助力。通过智能化分析,系统能够自动识别潜在的财务风险点,辅助会计人员及时发现并纠正错误,有效降低了人为失误与舞弊行为的发生概率,增强了企业财务管理的稳健性与可靠性。在互联网经济的大背景下,这一技术的应用进一步促进了会计信息的透明化与实时化,为企业决策提供更加精准、全面的数据支持。

（二）大数据技术在会计分析中的应用

大数据技术通过全面收集与整合企业内外部的海量数据，构建了一个丰富多样的数据宝库，为会计人员提供了广阔的分析视野与深度洞察的可能。在这个数据宝库的支撑下，会计人员得以运用大数据技术，进行更为精准的财务预测。通过对历史数据的深入分析，结合市场趋势与业务动态，大数据技术能够助力企业提前洞察财务状况的变化，为决策层提供及时、可靠的财务预测信息。同时，在成本控制方面，大数据技术也发挥着关键作用。它能够对企业的各项成本进行细致入微的剖析，帮助企业识别成本节约的潜力点，优化资源配置，实现成本的有效控制。此外，大数据技术与数据挖掘、机器学习算法的融合，更是为会计分析插上了智能的翅膀。人工智能会计系统能够深入挖掘海量数据背后的潜在规律与趋势，无论是市场需求的微妙变化，还是业务运营的细微波动，都逃不过它的敏锐洞察。这些洞察不仅为企业决策提供了有力支持，还助力企业不断优化业务流程，提升整体运营效率。

（三）云计算与人工智能会计的结合

云计算技术通过将会计数据迁移至云端，使企业得以打破地域与时间的限制，实现数据的实时共享与高效协同处理。这一变革不仅极大地提升了会计工作的效率与灵活性，更促进了财务部门与其他业务部门之间的无缝对接，为企业运营注入了强劲的动力。云计算平台以其强大的计算能力，为人工智能会计系统搭载了丰富的算法与模型库，使得系统能够更精准地进行财务预测、成本分析、风险评估等,为企业决策提供科学、全面的数据支持。尤为值得一提的是,云计算技术的普及大大降低了企业信息化的门槛。对于中小企业而言,无须承担高昂的硬件投入与维护成本,即可轻松接入先进的人工智能会计系统,享受智能化带来的便捷与高效。这不仅促进了中小企业财务管理水平的全面提升,更推动了整个行业向更加智能化、数字化的方向迈进。在此背景下,会计创新策略应紧密围绕云计算技术的优势展开。企业应积极拥抱云端,构建基于云计算的会计信息化平台,实现数据的集中管理与高效利用;同时,加强对云计算安全性的重视,确保会计数据在传输、存储、处理过程中的安全与隐私。

(四)区块链技术在会计领域的应用探索

传统会计系统长期面临的数据篡改风险、信息不对称等问题,在区块链技术的照耀下,找到了解决之道。构建一个基于区块链的会计系统,意味着企业的财务数据将被存储在一个分布式、透明的账本上。每一笔交易、每一次数据变动,都将被永久记录,且无法被篡改。这样的系统不仅实现了财务数据的实时共享,还确保了数据的透明化与可追溯性,大大提高了会计信息的可信度和可靠性。对于企业的利益相关者而言,这意味着他们可以更加便捷地获取真实、准确的财务信息,从而做出更加明智的决策。区块链技术的引入,还为审计工作带来了翻天覆地的变化。审计人员可以直接通过区块链获取原始交易数据,无须再耗费大量时间与精力去验证数据的真实性。尽管目前区块链技术在会计领域的应用仍处于探索阶段,但其展现出的巨大潜力与广阔前景不容忽视。

随着技术的不断成熟与应用的持续深化,区块链技术有望彻底颠覆传统的会计模式,引领会计行业走向一个更加智能化、透明化、可信赖的未来。

第二节 自动化处理在会计流程中的应用

一、自动化处理的基本概念及其在会计行业中的价值

(一)自动化处理的技术概述

在科技飞速发展的当下,自动化处理技术如一股强劲的风潮,席卷了各行各业,成为提升工作效率、降低人力成本的关键利器。这一技术背后,是计算机、网络、大数据等前沿科技的深度融合与不断创新。通过精心设计的程序与算法,自动化处理技术能够模拟人类的思维逻辑与操作流程,实现对各类复杂任务的精准执行与高效管理。会计领域,作为企业经营管理的核心环节,自然也迎来了自动化处理技术的深刻变革。会计信息系统以其强大的数据处理能力,实现了会计数据的自动化采集、分类、录入与存储,极大地提升了会计工作的效率与准确性。财务机器人则更进一步,通过集成先进的 AI 技术,能够执行更为复杂的会计任务,如发票审核、报表编制等。其智能化的决策支持能力,为会计人员提供了有力的辅助。而云计算的引入,更是为会计领域带来了前所未有的创新机遇。它打破了传统会计工作的地域限制,实现了会计数据的云端存储与共享,使得会计人员能够随时随地访问数据,进行远

程协作。同时,云计算平台提供的丰富会计应用与服务,如在线记账、智能分析等,进一步降低了企业的会计成本,提升了财务管理的灵活性与响应速度。

(二)会计流程的组成

传统会计工作中,从原始凭证的收集整理到会计分录的编制,再到账簿的登记、财务报表的编制分析以及税务申报,每一个环节都需人工细致操作,不仅耗费大量时间与精力,还易出现人为因素导致的错误。然而,随着自动化处理技术的迅猛崛起,这一系列烦琐复杂的会计流程正被重新定义。自动化处理技术以其高效、准确的特点,逐渐取代人工成为会计流程的主力军。原始凭证的收集与整理,现在可通过扫描识别技术快速完成;会计分录的编制,借助智能软件能自动根据交易记录生成;账簿的登记,在系统的支持下可实现实时更新与核对;财务报表的编制与分析,依靠先进的算法与模型,能够迅速提供全面、深入的财务洞察;税务申报,也通过自动化工具变得简单快捷。这一系列变革,不仅极大地提升了会计工作的效率,更将会计人员从重复性劳动中解放出来,专注于更具价值的财务分析与决策支持。

(三)自动化处理在会计流程中的应用优势

1. 提升效率与准确性

传统会计领域,数据录入、核对以及报表生成等环节,长期依赖人工操作,不仅过程烦琐、耗时冗长,且易因人为疏忽而引发错误。这一现状,在自动化处理技术的引入后,得到了根本性的改变。自动化处理系统,凭借其集成的先进 OCR(光学字符识别)技术,能够高效识别并转化各类纸质或电子文档中的会计数据,实现数据的自动采集与分类。结合 RPA(机器人流程自动化)技术,系统进一步自动化地执行数据录入、核对等重复性任务,极大减轻了会计人员的工作负担,释放了他们的时间和精力。更为重要的是,自动化处理系统以其卓越的计算精度,确保了会计数据的准确无误,从根本上降低了错误率,提升了会计信息的整体质量和可信度。这一变革,不仅提升了会计工作的效率,更促进了会计信息的及时性与透明度,为企业的财务管理提供了更为坚实的数据支撑。在互联网经济的背景下,自动化处理技术成为会计创新策略的重要一环,它推动了会计流程的优化与重构,助力企业构建更加智能化、高效化的财务管理体系。

2. 强化合规性与风险控制

在互联网经济的推动下,自动化处理通过预设的严格规则与精密算法,使自动化系统如同一位不知疲倦的守护者,实时监控着企业的每一项财务活动。它确保每一笔交易都精准遵循会计准则与法规要求,无论是在发票处理还是报销审核等环节,都能迅速识别出任何不合规的蛛丝马迹,并立即触发预警机制,有效拦截财务欺诈与违规行为的发生,为企业的财务安全筑起一道坚实的防线。更为深远的是,自动化处理不仅限于事后的监控与纠正,它还能通过对企业财务数据的深度挖掘与分析,进行全面的风险评估与预测。系统能够识别出潜在的风险点,如资金流动性问题、成本控制异常等,并为企业提供前瞻性的风险预警与应对策略建议。这使得企业能够在风险尚未完全显现之前,就采取有效措施进行防范与化解,确保财务活动的稳健运行与持续发展。在此背景下,会计创新策略应充分利用自动化处理在合规性与风险控制方面的优势,构建智能化、自动化的风险管理体系。企业应不断优化自动化系统的规则与算法,提升其识别与应对风险的能力,同时,加强会计人员的风险意识与技能培训,促进技术与人员的深度融合。

3. 促进会计转型与升级

随着自动化处理技术的不断精进,会计人员得以从繁重的数据录入、核对等基础性工作中解脱出来,转而投身于财务分析、决策支持等更具战略意义的高价值工作领域。这一转变,不仅极大地提升了会计人员的专业素养与职业竞争力,更为他们开辟了广阔的发展空间,使得会计职能逐渐从传统的记录与报告的方向,向为企业战略决策提供关键支持的方向迈进。自动化处理技术的应用,还极大地推动了会计信息化、智能化的进程。它使得会计数据的处理更加高效、准确,信息的传递与共享更加便捷,为构建智慧财务体系奠定了坚实的基础。在这样的体系下,企业能够实时掌握财务状况,迅速响应市场变化,从而在激烈的市场竞争中抢占先机,保持领先地位。更为深远的是,自动化处理技术的普及,促使会计行业开始重新审视自身的角色与价值。会计不再仅仅是数字的记录者与报告者,而是成为企业价值创造的积极参与者。通过深度挖掘数据背后的价值,会计人员为企业提供了更为精准、前瞻的财务建议,助力企业在复杂多变的市场环境中稳健前行。

二、自动化处理技术在会计流程中的应用实践

（一）财务报表自动生成

在互联网经济的快速发展中，传统的手工编制方式不仅耗时费力，还易出现人为因素导致的错误，难以满足现代企业对财务信息传递速度与质量的高要求。自动化处理技术的引入，如同一股清流，为财务报表的编制带来了革命性的改变。借助先进的软件系统，企业能够轻松实现财务数据的自动收集、整理与计算。这些系统能够智能识别并提取各类财务信息，如收入、成本、资产、负债等，通过预设的算法与模型进行精确处理，最终自动生成规范、统一的财务报表。这一过程不仅极大地节省了会计人员的时间和精力，还将人为错误的风险降至最低，确保了报表数据的准确性与可靠性。更为重要的是，自动化处理技术还带来了报表规范性与一致性的显著提升。系统能够根据会计准则与行业标准，自动调整报表格式与内容，确保报表的每一个细节都符合规范。这不仅提高了报表的可读性，更增强了其可信度，为投资者、债权人等利益相关者提供了更加清晰、透明的财务信息。在此背景下，会计创新策略应紧抓自动化处理技术的机遇，推动财务报表编制流程的持续优化与升级。企业应积极引入先进的财务软件系统，加强会计人员的技能培训，促进其与技术的深度融合，同时，注重数据安全与隐私保护，确保自动化处理过程中的信息安全。

（二）会计凭证智能审核

传统的凭证审核工作因其烦琐性与易错性，长期成为会计流程中的痛点。面对这一挑战，自动化处理技术的引入，犹如一股清流，为会计凭证审核带来了革命性的改变。智能审核系统，作为自动化处理技术的杰出代表，凭借其强大的数据处理与分析能力，实现了会计凭证的高效、精准审核。系统内置一套完善的审核规则，这些规则基于会计准则、企业制度以及行业规范，确保了审核过程的标准化与规范化。会计凭证进入系统后，智能审核便会自动启动，对凭证的每一项内容进行细致入微的检查。无论是数字的准确性、科目的合理性，还是附件的完整性，系统都能一一识别并做出判断。一旦发现不符合规定的凭证，智能审核系统会立即发出警示，明确指出问题所在，并引导会计人员进行修改。这一机制不仅大大提高了审核效率，缩短了审核周期，更显著降低了人为失误的风险，确保了会计信息的准确性与可靠性。对于会计人员而言，智能审核系统的应用，无疑减轻了他们的工作负担，提升了工作效率，使他们能够将更多精力投入到更具价值的财务分析工作中。

（三）费用报销自动化处理

传统报销流程烦琐复杂，不仅耗费大量人力物力，还难以有效防范虚假报销、重复报销等风险。然而，自动化处理技术的引入，为费用报销流程带来了颠覆性的变革。如今，员工只需轻松上传报销单及相关凭证至自动化系统，系统便能迅速启动审核流程。通过智能识别与校验技术，系统能够准确核对报销信息的真实性与合规性,自动计算报销金额,并依据预设规则进行审批。这一系列操作高效快捷,极大地缩短了报销周期,提高了工作效率,同时也显著降低了人力成本。更为关键的是,自动化处理技术以其强大的风控能力,为费用报销筑起了一道坚实的防线。系统能够实时监测报销数据,自动识别并拦截任何异常报销行为,如虚假报销、重复报销等,确保公司资源得到合理使用,有效避免了不必要的经济损失。这不仅提升了企业财务管理的严谨性与透明度,还增强了员工对报销制度的信任与遵守。

(四)税务申报自动化

传统税务申报流程烦琐复杂,不仅耗费大量时间与精力,还易出现人为因素导致的错误,增加企业的税务风险。然而,随着自动化处理技术的引入,税务申报工作迎来了前所未有的变革。自动化处理系统以其强大的数据处理能力,能够自动收集、整理和计算企业涉税数据,涵盖了销售收入、成本费用、税额计算等各个环节。系统依据税务部门的要求,精准生成申报表,不仅提高了申报效率,更确保了数据的准确性与一致性。这一创新举措,极大地减轻了会计人员的工作负担,使他们得以从烦琐的申报工作中解脱出来,专注于更具价值的财务分析与管理决策。更为值得一提的是,自动化技术还能够实时关注税法制度的动态变化,确保税务申报的合规性与准确性。系统内置的智能更新机制,能够及时获取并解读最新的税法制度,自动调整申报策略,避免制度变动而导致的申报错误。这一功能,不仅提升了企业的税务管理水平,更有效降低了税务风险,为企业的合规经营提供了有力保障。

三、自动化处理技术在会计流程中的效益分析

(一)提高会计工作效率

在互联网经济的背景下,传统的人工操作模式已难以满足企业对高效、精准财务管理的需求。会计人员曾需耗费大量时间与精力,投身于烦琐的财务工作中。而今,自动化处理技术的引入,彻底颠覆了这一现状。通过深度融合财务软件与智能算法,自动化处理技术展现出了强大的数据处理能力。它能够轻松实现批量处理,无论是海量的交易记录,还是复杂的账目核对,系统都能迅速、准确地完成。自动计算功能的加入,更是让会计人员从烦琐的数字运算中解脱出来,专注于更具价值的财务分析与决策。同时,自动化处理技术还擅长报表生成。根据企业的实际需求,系统能够自动生成各类财务报表,不仅格式规范,数据更是准确无误,为企业的财务管理提供了坚实的数据支撑。尤为值得一提的是,自动化处理技术打破了时间与空间的限制,实现了 24 小时不间断工作。无论是在夜深人静之时,还是企业业务高峰之际,系统都能保持高效运转,确保会计工作的连续性与及时性。这一特性,不仅进一步提升了会计工作的效率,更为企业的快速响应与决策提供了有力保障。

(二)降低人工成本

在互联网经济的推动下,自动化处理技术的革新,一方面通过替代基础性、重复性的会计工作,减轻了对人力资源的沉重依赖。

传统会计工作中,大量的数据录入、核对与报表编制等任务,如今皆可交由自动化系统高效完成,使得会计人员得以从烦琐的日常事务中解脱,转向更具战略意义的财务分析与管理决策,实现了人力资源的优化配置。另一方面,自动化处理技术以其卓越的效率,助力企业在相同时间内处理更多业务,从而实现了单位业务人工成本的显著降低。系统能够迅速处理海量数据,无论是交易记录、成本核算,还是财务报告生成,都能在极短时间内精准完成,极大地提升了会计工作的处理能力与响应速度,为企业业务的快速扩张提供了有力支撑。更为深远的是,自动化处理技术的应用还有效减少了人工操作失误导致的损失。系统通过内置的智能算法与校验机制,能够自动识别并纠正错误,避免了人为疏忽造成的财务风险,进一步降低了潜在的成本风险。这不仅提升了会计信息的准确性与可靠性,更为企业的稳健发展奠定了坚实的财务基础。

(三) 减少错误率与风险

疲劳、疏忽、理解偏差等,都可能导致会计处理的错误,进而影响企业财务信息的准确性与可靠性。然而,在互联网经济的推动下,自动化处理技术的兴起,为这一难题提供了创新的解决方案。自动化处理技术,凭借其预设的规则与精密的算法,构建了一道坚实的防线,有效避免了人为错误的发生。无论是数据的录入、计算,还是报表的生成,系统都能依据既定标准,精准执行,确保每一步操作的准确无误。这一特性,极大地提升了会计处理的精确性,降低了财务报表和会计凭证的出错率,为企业的财务管理奠定了坚实的基础。更为显著的是,自动化处理技术具备强大的数据处理能力,能够对海量数据进行快速、准确的计算与分析。这不仅提升了会计工作的效率,更使得企业能够实时掌握财务状况,为决策提供了有力的数据支持。同时,系统还能对会计流程进行实时监控,通过智能分析,及时发现并纠正潜在的风险,有效保障企业的财务安全。

(四)优化会计信息质量

自动化处理技术的应用,不仅确保了会计数据的准确性、完整性与一致性,从根本上提高了会计信息的可靠性,还为企业决策者提供了更为丰富、精准的财务洞察。自动化处理系统通过内置的智能算法与校验机制,能够自动识别并纠正数据录入过程中的错误,有效避免了人为疏忽导致的财务信息失真。同时,系统能够全面收集、整合企业各环节的财务数据,确保信息的完整性与一致性,为会计信息的真实反映提供了坚实保障。更为显著的是,自动化处理技术能够根据企业需求,灵活生成多维度的财务报表与深入的数据分析。无论是盈利分析、成本管控,还是现金流预测,系统都能迅速提供详尽的数据支持,帮助决策者洞悉企业财务状况,把握经营脉搏。这种全面、深入的会计信息,为企业的战略规划与决策制定提供了有力依据。此外,自动化处理技术还实现了会计信息的实时更新,使企业能够即时掌握财务状况,迅速响应市场变化。这一特性对于处于快速变化环境中的企业而言,尤为重要,不仅提高了企业的决策效率,还增强了企业的市场竞争力与应变能力。

第三节 人工智能会计与审计的融合

一、人工智能在审计领域的应用实践

（一）审计流程的智能化改造

大数据技术的运用使得海量数据的处理变得高效且精准，审计流程得以全面智能化升级。云计算平台则提供了强大的数据存储与计算能力，支持审计工作在云端进行，实现了资源的灵活配置与按需使用。自然语言处理技术更是让机器能够理解和分析非结构化数据，如财务报告中的文本信息，极大地拓宽了审计的数据来源与分析维度。这一系列技术的集成应用，促使审计工作的重心从传统的数据操作转向更高层次的风险管理与内部控制评估。审计人员得以摆脱重复性劳动，专注于分析数据背后的业务逻辑与潜在风险，从而提出更具洞察力的审计建议。此外，人工智能技术还能够持续学习并适应互联网经济中不断涌现的新业态、新模式，为会计审计策略的创新提供源源不断的动力。通过对市场趋势的敏锐捕捉和数据分析的深度挖掘，审计部门能及时调整审计重点与方法，确保审计工作的时效性与针对性。

（二）审计证据的智能获取与分析

大数据技术的运用使得海量数据的处理变得高效且精准，审计过程不再受限于传统的手工抽样，而是能够实现对全量数据的深度挖掘与分析,这极大地拓宽了审计的广度与深度。云计算平台则提供了强大的数据存储与计算能力,支持审计任务在云端灵活部署,实现资源的即时调配与共享,加速了审计流程的响应速度。自然语言处理技术让机器能够理解和解析非结构化数据,如合同文本、邮件往来等。这些原本难以量化的信息得以转化为可分析的数据,丰富了审计的证据链,增强了审计的全面性与准确性。通过这些技术的综合运用,审计工作的重心逐渐从基础的数据处理转向更高层次的风险识别与评估,内部控制的完善性也得到了更为细致的审视。这一转变不仅促进了审计质量的飞跃,还为会计行业的创新发展开辟了新路径。在互联网经济的推动下,会计与审计的边界不断拓展,跨界融合成为趋势,人工智能技术正是这一趋势下的重要驱动力。

(三)持续审计与实时监控

在互联网经济快速发展的时代背景下,人工智能技术在审计领域的应用日益凸显其重要性,尤其是持续审计与实时监控功能的实现,为会计行业的创新策略开辟了新路径。借助机器学习、数据分析等智能技术,审计系统能够无缝对接被审计单位的业务系统,实现对经营活动的全天候、全方位监控。这一动态监控机制,如同企业的"数字哨兵",能够即时捕捉业务数据中的异常波动与潜在风险,通过算法模型快速分析并发出预警信号。这种实时监控的方式,不仅极大地提升了审计工作的响应速度,使审计人员能够在第一时间介入调查,还加大了对被审计单位经营状况的理解深度,确保审计评价更加全面、客观。持续审计模式下,审计不再局限于事后检查,而是贯穿于企业运营的全过程,有效避免了风险的累积与扩大,为企业的稳健发展提供了有力保障。同时,持续审计确保了审计结果的时效性,使得审计决策能够基于最新、最准确的数据信息。在瞬息万变的互联网经济环境中,这一优势尤为重要。它使审计部门能够紧跟市场变化,及时调整审计策略与重点,为管理层提供具有前瞻性的审计建议,助力企业在激烈的市场竞争中保持领先地位。

(四)审计决策的智能化支持

人工智能技术的引入,为审计决策过程注入了强大的数据驱动力。通过对海量历史审计数据的深度挖掘与分析,人工智能能够揭示出潜在的风险模式与合规规律,为审计人员制订科学、精准的审计计划提供有力支持。这一转变,不仅提升了审计计划的前瞻性与针对性,还使得审计资源得以更加高效地配置。在审计执行过程中,智能系统展现出了其灵活应变的能力。它能够实时捕捉审计现场的数据变化,快速分析并评估对审计策略的影响,从而及时调整审计方向与重点。这种动态调整机制,确保了审计目标的有效达成,同时也降低了信息不对称或判断失误而导致的审计风险。人工智能在审计领域的贡献,还体现在对审计队伍能力的提升上。借助机器学习等先进技术,智能系统能够模拟复杂的审计场景,为审计人员提供个性化的培训与教育。这种智能化的培训方式,不仅丰富了审计人员的知识体系,还提升了他们的实战技能与问题解决能力,为构建高素质、专业化的审计队伍奠定了坚实基础。

二、人工智能会计与审计融合的未来发展

(一)技术创新与会计审计融合的深度拓展

大数据、云计算、区块链等前沿技术的不断革新,为会计审计工作铺设了高效、精准、可靠的基石。大数据技术的应用,让海量数据的处理与分析变得游刃有余,为审计提供了全面而深入的数据支持;云计算平台则以其强大的存储与计算能力,支撑着审计工作的灵活开展,实现了资源的优化配置;区块链技术的引入,更是为会计信息的真实性与完整性筑起了一道坚不可摧的防线,增强了审计的公信力。与此同时,深度学习技术的突破,使得人工智能在模拟人类审计专家思维方面取得了显著进展。通过训练模型对大量审计案例的学习,人工智能不仅能够识别数据中的异常模式,还能理解背后的业务逻辑,进行更为智能化的判断与决策。自然语言处理技术的加持,则让机器能够读懂并理解财务报告、合同文件等文本信息,进一步拓宽了审计的数据来源,提升了审计的全面性。这些技术创新的融合应用,将推动会计审计工作向更高层次的智能化、个性化发展。

(二)跨界合作与产业生态构建

跨界合作,作为人工智能会计与审计融合进程中的核心引擎,正逐步打破传统界限,促进会计、审计与信息技术等领域的无缝对接。这一趋势不仅加速了产业生态的构建,还催生了一个涵盖企业、研究机构及多方参与者的产学研一体化创新体系。在这一体

系中,企业作为技术应用的前沿阵地,为会计与审计的智能化转型提供了丰富的实践场景与数据支持。研究机构则凭借深厚的科研实力,不断探索人工智能在会计、审计领域的深度应用与创新路径。而各领域专家的跨界交流,更是激发了思维碰撞,促进了知识与技术的跨界融合。跨界合作的优势在于资源共享与优势互补。通过搭建开放合作平台,各方能够共享数据资源、技术成果与行业经验,有效降低研发成本,加速技术迭代。同时,不同领域的知识与技能相互融合,为会计与审计的智能化解决方案注入了新的活力,推动了人工智能在财务报表分析、风险评估、内部控制等方面的广泛应用。此外,跨界合作还促进了标准与规范的制定,为人工智能会计与审计技术的健康发展提供了有力保障。在共同面对互联网经济带来的挑战时,产学研一体化的创新体系展现出了强大的协同效应,推动了行业标准的统一与监管机制的完善,为会计与审计行业的智能化转型奠定了坚实基础。

（三）人工智能在会计审计领域的人才培养与知识更新

随着人工智能、大数据等新兴技术的深度融合,会计审计领域正呼唤着具备跨学科知识与技能的复合型人才。高校作为人才培养的摇篮,应敏锐捕捉行业趋势,调整课程设置,加强人工智能、数据分析、信息技术等相关课程的教学,为学生构建坚实的理论基础与实践能力。职业培训机构亦需紧跟时代步伐,开设针对性强的培训课程,帮助在职人员快速掌握新技术、新方法,实现技能的迭代升级。对于会计审计从业人员而言,面对技术的迅猛发展与行业的深刻变革,持续学习成为一种必然。他们不仅需要深化对会计准则、审计原理的理解,更要积极拥抱新技术,如通过在线课程、研讨会、工作坊等多种途径,不断更新知识结构,提升数据分析能力、信息技术应用能力以及创新思维。跨领域的交流与合作也显得尤为重要,他们通过与其他行业专家的互动,拓宽视野,激发灵感,共同探索会计审计与人工智能融合的新路径。此外,建立终身学习机制,鼓励并支持从业人员参与专业认证、学术研究等活动,不仅能够提升个人综合素质,也是推动整个行业向更高层次发展的关键。

(四)人工智能会计与审计融合的策略

1.构建智能化审计平台

智能化审计平台需深度融合自然语言处理、机器学习及大数据分析等前沿技术,旨在实现对会计数据的全方位、深层次挖掘与智能分析。通过精心设计的审计模型与规则库,系统能够自动捕捉并识别异常交易模式,精准定位潜在风险点,及时发出预警信号,为审计工作的前瞻性与主动性提供坚实保障。智能化审计平台不仅强调技术的先进性,更注重用户体验的优化。平台应支持多维度数据可视化功能,将复杂的审计结果以直观、易懂的图形化界面呈现,使审计人员能够迅速把握审计重点,提升审计效率与准确性。这种可视化的交互方式,极大地降低了审计工作的认知负担,促进了审计决策的快速响应。在构建过程中,平台的灵活性与可扩展性被置于核心位置。面对不同企业审计需求的多样性与业务环境的快速变化,智能化审计平台需具备高度的定制化能力,支持审计模型的灵活配置与规则的动态调整。同时,平台应能够轻松接入各类数据源,实现数据的无缝整合与高效处理,确保审计工作的全面覆盖与深入洞察。

2. 优化审计流程与方法

智能化技术能够依据企业历史数据、行业发展趋势及市场动态,自动规划审计工作的重点与时间表,实现审计计划的精准制定。这一转变,不仅提升了审计工作的前瞻性与针对性,还大大节省了人工规划所需的时间与精力。进入审计执行阶段,机器学习算法成为处理海量数据的得力助手。它能够高效地对数据进行快速筛选与深度分析,精准识别异常交易与潜在风险,显著减少了人工审查的工作量,提高了审计效率。同时,人工智能还能辅助审计人员进行科学抽样,确保样本选取的代表性与有效性,为审计结论的准确性提供有力支撑。审计结束后,人工智能系统继续发挥其强大功能,自动生成审计报告。报告内容涵盖审计发现的问题、风险评估、建议改进措施等多个方面,不仅格式规范、信息全面,还通过图表、可视化工具等手段,增强了报告的可读性与直观性。这一创新举措,不仅提升了审计工作的透明度与规范性,还促进了审计成果的有效利用,为企业管理层提供了有价值的决策参考。

3. 加强会计人员与审计人员的培训

在互联网经济的驱动下,人工智能与会计审计的深度融合正引领行业变革,这对会计与审计人员的专业能力提出了全新挑战。为适应这一趋势,企业必须加大对相关人员的培训力度,着力提升其对数据科学、机器学习等新兴技术的理解与应用能力。企业可通过定期举办专题讲座,邀请行业专家分享前沿技术与实践案例,激发员工的学习热情与创新思维。工作坊则提供了实操平台,让员工在动手实践中掌握智能化会计软件的使用技巧,如自动化账务处理、智能报表生成等,从而提升工作效率与准确性。同时,针对审计人员,企业应重点培训如何利用人工智能工具进行高效审计,包括数据挖掘、风险预测、智能抽样等方面,使审计过程更加精准、快速。在线课程作为一种灵活的学习方式,能够随时随地为员工提供学习资源,帮助他们跟上技术发展的步伐,不断更新知识结构。此外,企业应鼓励跨部门交流与学习,打破会计与审计之间的壁垒,促进知识的融合与共享。企业还可通过组建跨职能团队,让员工在合作中相互学习,共同解决复杂问题,不仅能够提升团队的整体协作效率,还能激发创新思维,为企业的会计审计创新策略注入新的活力。

第六章　区块链技术在会计领域的深度探索

第一节　区块链技术在会计中的潜在应用

一、区块链技术概述

(一)区块链的定义

区块链技术是一项核心的分布式账本技术,区块链通过加密算法确保交易数据的完整性与透明性,每一笔交易被记录后,便形成一个数据区块,这些区块按时间顺序链接,构成了一条不可篡改的链条。这种机制从根本上提升了信息的可信度,使得会计信息的记录、存储与验证过程更加高效与安全,降低了传统会计体系中人为错误或欺诈行为导致的风险。在会计创新策略上,区块链技术促使会计信息系统向更为自动化、智能化的方向发展。一方面,智能合约的应用使得交易条件与执行结果直接关联,无须人工干预即可自动完成交易记录与结算,极大地提高了会计处理的效率与准确性。另一方面,区块链的分布式特性使得会计数据得以在多个节点间实时同步,不仅增强了数据的可用性,还促进了跨部门、跨企业乃至跨国界的信息共享,为供应链管理、成本控制及财务决策提供了更为全面、及时的数据支持。此外,区块链技术还为审计领域带来了革新。传统的审计工作往往依赖于对大量纸质或电子文档的审查,耗时费力且易出错。而基于区块链的会计系统,由于其数据的不可篡改性,审计师可以直接从链上获取真实可靠的交易记录,大大简化了审计流程,提高了审计效率与质量,同时也降低了审计成本。

(二)区块链的分类

在互联网经济蓬勃发展的背景下,区块链技术作为新兴力量,正深刻影响着各行各业的运作模式,尤其是会计领域。区块链依据应用场景与设计理念的差异,被划分为公有链、私有链与联盟链三大类型,每种类型均对会计创新策略产生了独特影响。

公有链,作为完全去中心化的典范,如比特币和以太坊,其开放性与透明性为会计信息的真实性与可追溯性提供了强有力的保障。在公有链上,所有交易记录对全网公开,任何人均可验证交易的有效性,这极大地降低了信息不对称风险,促使会计行业向更加透明、公正的方向发展。会计创新策略应聚焦于如何利用公有链的特性,构建去中心化的会计信息系统,实现资产数字化与自动审计,提高会计效率与准确性。

私有链,则专注于服务特定组织或个人,其封闭性确保了数据的安全与隐私。在企业内部账本管理系统中,私有链能够有效防止数据篡改,确保会计信息的完整性与可靠性。会计创新策略应围绕私有链的权限管理机制,设计高效的内部控制流程,实现会计数据的精细化管理与合规性监控,同时探索与公有链或联盟链的互联互通,以满足跨组织协作的需求。

联盟链,作为公有链与私有链的折中方案,由多个组织共同维护,既保留了部分去中心化的优势,又兼顾了数据隐私与效率。在金融行业的超级账本中,联盟链促进了机构间的信任与合作,降低了交易成本。会计创新策略应着眼于联盟链的多方共识机制,构建跨组织的会计协同平台,实现会计信息的实时共享与高效协同,同时利用智能合约技术自动化会计流程,提升会计处理的智能化水平。

(三)区块链的核心技术分析

1. 分布式账本

区块链技术颠覆了传统集中式数据库的管理模式,构建了一个去中心化、安全可靠的数据存储新生态。在分布式账本体系中,交易记录不再集中于单一节点,而是分散在网络中的每一个参与节点上,每个节点均持有完整的账本副本,并共同参与数据的验证、更新与维护。这种设计从根本上保障了数据的透明性、安全性和不可篡改性,为互联网经济中的信任建立提供了坚实的技术支撑。在会计创新策略层面,分布式账本技术的应用显得尤为关键。它有效解决了信息孤岛问题,促进了业务协作的高效进行。每当有新交易产生,系统便会以加密形式将交易信息封装在区块中,并迅速广播至全网所有节点。各节点在接收到新交易信息后,会将其添加至各自的账本副本中,确保全局数据的一致性。这一过程不仅极大地提升了会计处理的实时性与准确性,还降低了数据不一致引发的风险。在金融、供应链等复杂业务场景中,分布式账本技术的价值更为凸显。它使得不同参与方能够基于同一套可信的数据进行业务协作,实现了数据的高效共享与互信。这一改变显著降低了交易成本,提升了系统的整体运行效能。例如,在供应链金融中,分布式账本可以确保货物、资金、信息流的三流合一,为融资方、金融机构等提供准确、可信的数据支持,从而简化融资流程,降低融资风险。

2. 共识机制

共识机制,作为区块链网络运行的核心,确保了数据的一致性与可靠性,为会计信息的真实性与透明度奠定了坚实基础。工作量证明(PoW)、权益证明(PoS)与实用拜占庭容错(PBFT)等共识机制,各具特色,共同构建了区块链多元化的应用生态。

工作量证明机制,通过节点解决复杂数学难题来验证工作量,虽计算资源消耗大,但安全性极高,为公有链如比特币提供了坚实的防篡改屏障。在会计领域,这一机制可应用于构建高度安全的会计账簿,确保交易记录的不可篡改性,增强投资者与监管机构对财务信息的信任。

权益证明机制,则通过持币者质押代币参与共识,降低了能耗,提供了更灵活的激励机制。对于会计创新而言,这一机制有助于构建基于区块链的激励机制,鼓励企业、审计机构及投资者共同参与会计信息的验证与监督,提高会计信息的透明度与公信力。

实用拜占庭容错算法,特别适用于联盟链与私有链,能在部分节点错误或恶意行为下保持系统一致性,为会计信息的准确性与可靠性提供了额外保障。在跨组织会计协同、供应链金融等场景中,该机制能有效防止数据篡改与欺诈,促进会计信息的高效共享与协同处理。

共识机制不仅关乎交易数据的记录,更是区块链网络去中心化安全保障的关键。它使得区块链网络能够在无需信任中心化机构的情况下,确保所有参与者的利益得到公平对待,为会计行业构建一个透明、安全、高效的信任环境。会计创新策略应聚焦于如何利用这些共识机制,构建去中心化的会计信息系统,实现会计数据的自动化处理、实时审计与智能合约执行,以科技力量推动会计行业的转型升级,助力互联网经济的繁荣发展。

3. 密码学与智能合约

在区块链网络中,交易信息虽对全网公开,但账户身份信息却通过高级加密技术得以严密保护,确保仅在数据拥有者明确授权下方可访问,有效平衡了数据透明度与隐私保护之间的关系。哈希函数、公钥私钥体系以及数字签名等密码学手段的应用,不仅保障了区块链上数据的完整性、一致性,还明确了数据的归属权,为互联网经济中的信任构建提供了技术支撑。智能合约,作为区块链技术的另一大创新亮点,正逐步重塑互联网经济中的交易模式。它允许交易双方在无须第三方中介介入的情况下,直接通过代码化的合同条款进行交互。智能合约的执行是完全自动化且透明的,一旦预设条件达成,合约即自动触发执行,极大地提高了交易效率,降低了合同执行成本。在金融、保险、法律等领域,智能合约的潜力尤为显著。它基于区块链上不可篡改的可信数据，能够自动执行预设规则与条款，为各类企业和机构营造了一个高效、安全、低成本的交易环境。对于会计行业而言，区块链与智能合约的结合无疑是一次革命性的创新。它们不仅提升了会计信息的处理速度与准确性，还通过自动化合约执行，简化了财务流程，降低了审计与合规成本。会计信息系统可以依托区块链技术，实现交易数据的实时同步与共享，确保账目的透明与一致，同时利用智能合约自动执行财务规则，如自动支付、自动对账等，从而大幅提升会计工作的效率与安全性。

二、区块链技术在会计中的应用探讨

（一）区块链在会计账务处理中的应用

传统会计账务处理，依赖人工录入与多级审核，流程烦琐且易出错，舞弊风险难以根除。区块链技术以其去中心化的数据存储架构与高强度的加密算法，为会计数据的真实性与不可篡改性提供了坚实保障。在区块链上，每一笔交易均被实时记录，形成一个透明、可追溯的交易历史链条。这不仅极大地缩短了账务处理周期，还从根本上消除了数据在传递过程中的失真风险。会计信息的透明化，使得内外部利益相关者均能便捷地验证数据真实性，增强了市场信任，促进了资本的高效流动。更为革命性的是，智能合约的集成应用，将会计账务处理推向了自动化、智能化的新高度。智能合约，作为区块链上的自动化执行协议，能够在满足预设条件时自动触发交易，实现账务处理的即时性与准确性。这一特性，不仅大幅减少了人工干预,降低了操作成本,还通过程序化逻辑,有效避免了人为错误与舞弊行为,提升了会计工作的整体效率与可靠性。进一步地,区块链技术还促进了会计信息的跨组织共享与协同。在供应链金融、联盟链会计等场景中,区块链作为信任桥梁,连接起各个参与方,实现了会计数据的无缝对接与高效流转。这不仅增强了供应链的透明度,还促进了资金流、信息流与物流的深度融合,为互联网经济下的商业合作提供了更加稳固的会计基础。

(二)区块链在会计审计中的应用

在传统审计实践中,审计师往往需投入大量时间与精力,对企业提交的财务报表进行逐项核实,以确认数据的真实性与准确性。这一过程不仅耗时费力,还易受人为因素干扰,影响审计结果的客观性。区块链技术的引入,为审计行业带来了颠覆性的改变。一旦数据被记录在区块链上,便无法被轻易修改或删除,这为审计师提供了前所未有的数据验证手段。通过区块链,审计师可以快速、准确地核实企业财务数据的真实性,大大提升了审计效率与可靠性,降低了数据错误或欺诈行为导致的审计风险。更进一步,区块链技术还赋予了审计师对企业财务活动进行实时监控的能力。传统审计往往侧重于事后审查,难以及时发现并纠正企业运营中的潜在风险。而区块链的实时同步特性,使得审计师能够即时获取企业的交易数据,通过智能合约等机制,自动触发审计预警,及时发现并应对风险因素,从而有效降低审计风险,提升审计质量。在互联网经济背景下,会计行业正面临着前所未有的挑战与机遇。

区块链技术的广泛应用,为会计创新策略提供了强大的技术支持。会计信息系统可以依托区块链构建更为高效、安全的数据处理框架,实现财务数据的透明化、自动化管理。

(三)区块链在会计信息共享与披露中的应用

传统会计信息交换模式,常因信息不对称、数据标准不一而阻碍企业间的高效协作,区块链技术的出现,犹如一股清流,打破了这些壁垒,为企业间会计信息的实时、高效、安全共享铺就了新路径。构建一个去中心化的会计信息共享平台,是区块链技术在会计领域的创新应用之一。该平台允许企业在确保数据隐私的前提下,将经过加密的会计信息上传至区块链。借助区块链的不可篡改性与透明性,这些信息一旦记录便无法被单方面修改,从而保障了数据的真实性与可靠性。其他企业或相关部门在获得授权后,可快速查询并使用这些会计信息,极大地提高了信息流通的效率与准确性。这一创新模式不仅解决了传统会计信息交换中的信任问题,还促进了企业间更深层次的信任与合作。会计信息的透明度提升,使得企业间的交易更加公平、透明,降低了合作中的不确定性,增强了市场整体的信任度。同时,区块链技术的去中心化特性,避免了单一中心化机构对数据的垄断与控制,为企业提供了更加平等、开放的竞争环境。此外,区块链技术在会计信息共享中的应用,还促进了会计标准的统一与国际化。通过制定统一的数据格式与接口标准,不同企业、不同地区的会计信息得以在区块链上无缝对接,为跨国合作与全球供应链的优化提供了有力支撑。

（四）区块链在防范会计舞弊中的应用

在传统会计体系中，信息不对称与监管漏洞为会计舞弊行为提供了可乘之机，严重损害了会计信息的真实性与可信度。而区块链技术凭借其去中心化、不可篡改的独特优势，从根本上重塑了会计记录与监管的流程。在区块链网络中，每一笔会计记录都被加密并分布在众多节点上，形成了一条不可篡改的数据链条。企业试图篡改会计数据的行为，不仅无法隐藏，反而会因区块链的共识机制而迅速被全网知晓，从而有效遏制了会计舞弊的动机。同时，区块链的透明性特征使得所有交易记录对授权参与者公开，任何异常或可疑的交易行为都更容易被发现，这种"阳光下的监督"对潜在舞弊者形成了强大的震慑作用。更进一步，智能合约技术的融入，为会计监管带来了前所未有的自动化与智能化水平。智能合约能够自动执行预设的会计规则与逻辑，当特定条件触发时，合约即自动执行相应的会计操作，如资金划转、账目调整等。这一机制不仅提高了会计处理的效率与准确性，还通过程序化的监管方式，进一步降低了人为干预与舞弊的风险。在互联网经济快速发展的背景下，会计行业正面临着前所未有的变革挑战。区块链技术的广泛应用，为会计创新策略提供了广阔的发展空间。构建基于区块链的会计信息系统，实现会计数据的透明化、自动化与智能化管理，不仅能够有效防范会计舞弊，还能提升会计信息的可信度与决策价值，为互联网经济的持续健康发展奠定坚实的会计基础。

第二节　区块链会计系统的构建与实现

一、区块链会计系统的构建

(一)设计理念

在构建区块链会计系统的过程中,透明、安全、高效三大原则成为指引设计的核心灯塔。透明性原则的融入,使得会计系统的所有数据均对授权参与者开放,每一笔交易、每一项记录都可在链上清晰追溯,确保了会计信息的真实性与透明度。这一特性不仅增强了会计数据的可信度,还为内外部审计提供了极大的便利,降低了信息不对称带来的风险与成本。

安全性原则则是区块链会计系统的基石。通过采用先进的加密技术和共识算法,系统确保了会计数据在传输与存储过程中的完整性与保密性。数据一旦上链,便无法被轻易篡改或删除,有效防范了会计舞弊与数据泄露的风险。同时,共识算法的引入,保证了网络中各节点数据的一致性,即使在分布式环境下,也能确保会计信息的准确无误。

高效性原则则体现了区块链会计系统对传统会计流程的优化与革新,去中心化的设计,使得会计处理不再依赖于单一的中心节点,而是由网络中的多个节点共同参与,实现了数据的并行处理与实时同步。这一改变不仅简化了会计流程,提高了工作效率,还降低了中心节点故障或延迟导致的业务中断风险。

在互联网经济快速发展的背景下,区块链会计系统的出现,为会计行业带来了前所未有的创新机遇。它不仅解决了传统会计体系中存在的数据透明度低、安全性差、效率低下等问题,还通过技术赋能,推动了会计信息的数字化、智能化转型。区块链会计系统能够实时反映企业的财务状况,为管理者提供精准、及时的决策支持,同时,也为企业与外部利益相关者之间建立了更加透明、可信的沟通桥梁。

(二)架构设计

1. 数据采集层

数据采集层,作为区块链会计系统的核心起点,其重要性不言而喻,它直接关联到会计信息的源头质量与后续处理的可靠性。这一层级的设计,旨在高效、安全地从多元化的业务系统中捕获原始会计数据,利用先进的加密技术如 AES、RSA 构建坚不可摧的数据安全防线,确保数据在传输及存储的每一步都免受非法访问与篡改的威胁,从而维护了数据的机密性与完整性。数据采集层不仅关注数据的安全传输,还承担着数据清洗与格式化的重任。面对海量且格式不一的原始数据,该层通过智能化算法筛选出有效信息,剔除冗余与错误数据,进而将数据统一转换为区块链网络可识别的标准格式。这一过程极大地提高了数据的可用性,确保了进入区块链的数据是精准、全面且合规的,为后续的会计记录、审计与决策提供了强有力的支持。通过这一创新策略,区块链会计系统得以在互联网经济的大潮中展现出显著优势。它有效解决了传统会计体系中的数据孤岛、信息不对称以及信任缺失等问题,利用区块链的去中心化、不可篡改特性,构建了一个透明、可信的会计环境。企业间的交易数据一旦上链,便成为不可磨灭的公共账本记录,极大地降低了欺诈风险,增强了市场参与者的互信基础。此外,数据采集层的优化还促进了会计流程的自动化与智能化,减少了人工干预,提升了会计工作的效率与准确性。会计人员得以从烦琐的数据录入与核对中解放出来,更多地参与到数据分析、风险管理等高价值工作中,推动了会计职能由核算型向管理型、战略型的转变。

2. 区块链网络层

区块链网络层,作为区块链会计系统的基石,巧妙融合了分布式账本技术的精髓,为会计信息的处理与存储开辟了全新路径。这一层级不仅负责将经由采集层精心筛选与处理的会计信息,以区块的形态串联起来,构建出一条连续不断、难以篡改的数据链,而且每个区块均承载了一定数量的交易记录,通过先进的哈希算法与前序区块紧密相连,形成了一种严密的数据逻辑结构。这种设计机制,从根本上保障了会计数据的完整性与一致性,任何企图对数据进行非法篡改的行为,都将因立即触发全网警报而无所遁形,有效遏制了数据欺诈与舞弊的风险,提升了会计信息的可信度与透明度。进一步地,区块链网络层依托共识算法的强大功能,确保了网络中各个节点数据的高度一致性与同步性,即便是在复杂多变的多节点环境下,也能实现数据的无缝对接与精确校验,避免了信息不对称而引发的误解与冲突。这一特性,对于提升会计处理的效率与准确性具有不可估量的价值,它使得会计信息的传递与共享不再受限于地域或时间的束缚,促进了会计流程的自动化与智能化,为互联网经济时代的会计创新策略提供了坚实的技术支撑。

3. 业务处理层

业务处理层作为连接数据与决策的桥梁,深度整合了会计业务的精髓,从基础的凭证录入、账务处理,到高级的报表生成、财务分析,全面覆盖了会计工作的核心流程。在互联网经济的推动下,业务处理层不再局限于传统的手工操作或简单的电子化处理,而是依托区块链网络层提供的强大数据支撑,实现了会计业务逻辑的自动化执行与智能化升级。通过智能合约技术的巧妙运用,业务处理层能够自动触发并执行预设的会计规则,如资金划转的精确执行、成本分摊的自动计算等。这些原本需要人工干预的复杂操作,如今得以在区块链的框架下高效、准确地完成。智能合约的不可篡改性,更是为会计信息的真实性与可靠性提供了坚实保障,有效防止了数据篡改与舞弊行为的发生。此外,业务处理层还具备强大的数据分析能力,能够基于区块链网络中存储的海量会计数据,进行多维度、深层次的财务分析。无论是利润预测、成本控制,还是现金流管理、财务比率分析,业务处理层都能迅速生成精准的财务报告,为企业的战略决策与运营管理提供有力的数据支撑。这种即时、全面的财务分析能力,极大地提升了企业的市场响应速度与决策效率,使企业在激烈的市场竞争中占据先机。

4. 应用接口层

应用接口层作为连接会计核心功能与用户需求的桥梁,精心打造了一个直观、友好且易于操作的用户界面,使得无论是财务专业人员还是企业管理层,都能轻松驾驭会计系统的日常操作与管理任务。从账目查询的即时反馈,到凭证审核的严谨流程,再到报表生成的自动化处理,以及深入的数据分析,应用接口层以其高度的灵活性与响应速度,确保了会计工作的流畅进行,极大地提升了会计工作的效率与质量。更为重要的是,应用接口层凭借其卓越的集成能力,打破了传统会计系统孤立存在的局限,实现了与各类企业系统、金融平台的无缝对接。这一突破性设计,不仅促进了会计信息的跨系统、跨平台自由流动,还为企业间的信息共享与业务协同铺设了坚实的数字桥梁。在互联网经济时代,企业间的合作日益紧密,对信息流通的速度与准确性要求极高。应用接口层的这一特性,正好契合了这一需求,使得供应链上下游的企业能够实时共享财务信息,协同进行库存管理、成本控制与资金调度,有效降低了交易成本,增强了市场响应能力。此外,应用接口层的开放性还激发了会计创新与技术融合的无限可能。通过与云计算、大数据、人工智能等前沿技术的深度融合,应用接口层能够为用户提供更加智能化、个性化的会计服务。

(三)关键技术研究

1. 数据存储与加密技术

为应对数据安全性、可靠性及隐私保护的高要求,采用分布式存储技术成为区块链会计系统中的一大创新策略。这一技术的核心在于,将会计数据不再集中于单一的数据库或服务器,而是分散存储在区块链网络的众多节点之上。每个节点都保存着数据的副本,形成了一种去中心化的数据存储架构,这种设计极大地提升了数据的安全性与可靠性。分布式存储的优势在于,即使部分节点遭遇故障或攻击,数据依然能够从其他节点中恢复,确保了会计信息的连续性与可用性。同时,区块链的共识机制保证了数据的一致性与准确性,任何对数据的修改都必须经过网络中多数节点的验证,从而有效防止了数据篡改与造假,为会计信息的真实性筑起了一道坚实的防线。在数据安全的具体实现上,结合了对称加密与非对称加密的双重保障。对称加密技术以其高效的数据处理能力,确保了数据在传输过程中的快速加密与解密,降低了延迟,提高了系统性能。而非对称加密技术,则利用其公钥与私钥的独特配对,为数据的传输与存储提供了更高级别的安全认证,确保了只有合法的用户才能访问敏感信息,进一步强化了数据的隐私保护。

2. 共识算法的选择与应用

权益证明(Proof of Stake, PoS)算法,正是在此背景下脱颖而出,成为会计系统融入互联网经济、实现高效运行与会计创新的优选方案。相较于传统的工作量证明(Proof of Work, PoW)算法,PoS 算法展现出了显著的能源效率优势。PoW 算法依赖于矿工通过大量计算力竞争记账权,这一过程消耗了大量的电力资源,与当前全球倡导的绿色低碳发展理念相悖。而 PoS 算法则摒弃了这一高能耗模式,它根据节点持有的代币数量或"权益"来分配记账权,无须进行繁重的计算工作,从而大幅降低了能源消耗,为会计系统构建了一个更加环保、可持续的技术基础。在提升确认速度方面,PoS 算法同样表现出色。PoW 算法因需要等待足够的计算工作完成才能确认交易,往往导致较长的确认时间,影响了会计信息的实时性。相比之下,PoS 算法通过权益持有者的投票机制快速达成共识,显著缩短了交易确认时间,确保了会计系统能够迅速响应互联网经济中的各类财务活动,为企业的决策提供及时、准确的会计信息支持。此外,PoS 算法的应用还为会计创新提供了广阔空间。其高效的共识机制为会计系统引入智能合约、自动化审计等高级功能奠定了基础,使得会计流程得以进一步优化,减少了人为干预,提高了会计信息的透明度与可信度。

3. 智能合约在会计系统中的应用

智能合约,作为区块链技术的核心组件之一,正逐步渗透到会计系统的深层,引领着会计业务处理方式的根本性变革。智能合约,以其自动执行、无信任中心的特点,为会计系统注入了前所未有的自动化与智能化基因。在会计系统的创新应用中,智能合约被巧妙地设计为自动执行会计业务规则的引擎。从凭证的自动录入,到报表的即时生成,一系列烦琐且易出错的会计流程,如今都能在智能合约的驱动下,实现高效、精准的自动化处理。这一转变,不仅极大地降低了人工操作的复杂性与错误率,更将会计人员从重复性劳动中解放出来,使他们能够聚焦于更具价值的财务分析与决策支持工作,从而提升了会计团队的整体效能。尤为重要的是,智能合约的不可篡改性,为会计数据的真实性与安全性提供了坚不可摧的保障。在区块链的分布式账本中,一旦智能合约被部署并执行,其包含的业务逻辑与数据状态便成为不可更改的历史记录。任何试图篡改数据的行为,都将因无法获得网络中其他节点的共识而失效,这从根本上杜绝了数据造假与舞弊的可能性,增强了会计信息的可信度与透明度。智能合约的应用,还促进了会计流程的标准化与规范化。通过编程方式定义会计业务规则,确保了会计处理的统一性与一致性,减少了人为理解差异而导致的业务偏差。

二、区块链会计系统的实现

(一)关键环节

在区块链会计系统的构建与实践中,系统部署作为开篇之作,各环节需综合考量硬件设施的性能、网络环境的稳定性以及区块链平台的适用性,力求在成本与效率之间找到最佳平衡点。高性能的服务器与存储设备,配合低延迟、高带宽的网络环境,为区块链会计系统的高效运行提供了坚实的物理基础。同时,选择成熟、安全、易扩展的区块链平台,能够确保系统在未来发展中保持灵活与稳定,为会计创新提供持续的技术支撑。在数据迁移过程中,不仅要确保历史会计数据的安全无损,还要实现数据的格式转换与结构化处理,以便在区块链平台上进行高效存储与查询。通过采用先进的迁移工具与技术,结合严格的数据校验机制,可以确保迁移过程中的数据完整性与一致性,为后续的会计业务处理奠定准确的数据基础。业务流程整合通过将传统的会计业务流程与区块链技术深度融合,可以实现会计信息的实时记录、自动审计与智能分析,极大地提升了会计工作的效率与准确性。这一过程中,需要精心设计智能合约,优化业务流程逻辑,确保会计业务与区块链技术的无缝对接,实现会计处理的自动化与智能化,为互联网经济下的企业运营提供实时、透明的财务信息支持。

(二)性能分析与优化

为构建高性能的区块链会计系统,性能分析与优化显得尤为重要,它不仅关乎会计处理的效率与准确性,更直接影响到企业的运营决策与市场竞争力。从区块链底层技术出发,优化共识算法是提升系统性能的首要任务。通过改进如工作量证明(PoW)、权益证明(PoS)等传统共识机制,或探索更加高效的共识算法,如委托权益证明(DPoS)、实用拜占庭容错(PBFT)等,可以显著减少交易确认时间,提高区块链网络的吞吐量,从而加快会计业务的处理速度。

针对会计业务的独特性,合理设计数据存储结构同样至关重要。会计数据具有结构性强、关联度高的特点,因此,通过构建高效的数据索引、采用列式存储等技术,可以有效降低数据查询和处理的复杂度,提升数据访问效率。同时,结合会计业务的逻辑关系,优化数据模型,确保数据在存储、传输和处理过程中的高效性与一致性,为会计信息的快速响应与深度分析提供了有力支持。

分布式存储与计算技术的应用,则是提高系统容错性和可扩展性的有效途径。将会计数据分散存储在区块链网络的多个节点上,不仅增强了数据的安全性与可靠性,还实现了计算任务的并行处理,提高了系统的整体处理能力。这种分布式架构能够灵活应对业务量的增长,确保系统在高并发场景下的稳定运行,为企业的规模化发展提供了坚实的技术支撑。

在性能优化的过程中,还需综合考虑系统资源的利用率,平衡计算、存储、网络等各方面的性能。通过精细化资源管理、动态调整系统配置、采用节能高效的硬件设备等手段,可实现资源的最优配置,避免资源浪费与瓶颈产生,从而达到整体性能的最优化。这一策略不仅提升了区块链会计系统的运行效率,还降低了运营成本,为企业创造了更大的经济价值。

(三)应用前景

在金融领域,区块链会计系统通过提供不可篡改的交易记录与实时更新的账目信息,显著增强了金融产品的监管效能,降低了信息不对称而引发的金融风险,为金融市场的稳定与发展筑起了一道坚实的防线。同时,区块链的透明性特质也促进了金融产品的合规性与透明度,增强了投资者信心,为金融行业的健康发展注入了新活力。供应链管理领域通过实现供应链各环节信息的实时共享与追溯,区块链技术打破了传统供应链中的信息孤岛,提升了供应链的协同效率与响应速度。无论是原材料采购、生产制造,还是物流配送、销售结算,每一个环节的数据都被精准记录并广泛共享,有效降低了供应链成本,增强了供应链的韧性与灵活性,为互联网经济下的企业合作提供了更加高效、透明的信息基础。在审计领域,区块链会计系统更是展现出了革命性的潜力。对于审计机构而言,区块链技术不仅简化了审计流程,还增强了审计报告的公信力,为企业的财务健康与合规性提供了有力证明。随着数字化转型的浪潮席卷全球,企业对实时、准确、透明的会计信息需求日益迫切。区块链会计系统,凭借其卓越的技术优势,正逐步成为企业提升财务管理水平、优化决策支持的重要工具。它不仅能够帮助企业实现会计信息的即时记录与智能分析,还能通过与其他企业系统、金融平台的无缝对接,促进信息的跨系统、跨平台流通,为企业的数字化转型与互联网经济下的竞争提供强有力的会计支撑。

第三节　区块链技术在会计审计中的应用

一、区块链技术在会计记录中的应用

区块链技术,作为互联网经济时代的一项重要创新,正以其独特的分布式账本特性,深刻影响着会计行业的未来发展。去中心化的设计,使得区块链网络中的每个节点都能参与数据的记录与验证,打破了传统会计体系中信息集中的模式,有效避免了单点故障与数据篡改的风险,为会计记录的真实性与准确性提供了强有力的技术保障。不可篡改的特性,更是确保了会计信息一旦上链便无法被随意更改,从源头上遏制了会计舞弊现象的发生,提升了会计信息的可信度与公信力。在互联网经济的推动下,区块链技术的应用不仅限于确保会计信息的真实与准确,更在于其能显著提高会计信息的一致性与可比性。通过区块链,企业的会计信息得以在统一的框架下进行记录与共享,不同利益相关者可以基于同一套数据进行分析与决策,减少了因信息不对称而产生的误解与冲突。对于投资者、债权人等外部利益相关者而言,区块链提供的透明、可靠的财务数据,成为他们评估企业价值、做出投资决策的重要依据,促进了资本市场的健康发展与资源的有效配置。然而,在享受区块链技术带来的会计创新的红利时,企业也需要关注其与现有会计准则的衔接问题。区块链技术的去中心化与不可篡改性,可能对传统的会计确认、计量与报告原则提出新的挑战。因此,企业需积极探索区块链技术与会计准则的融合路径,确保会计信息的合规性,既发挥区块链技术的优势,又遵循会计准则的规范,实现技术与规则的双重保障。

二、区块链技术在审计证据获取中的应用

在审计过程中,审计师需收集大量审计证据以支撑其审计意见,而区块链上的数据,由于其一旦记录便无法被修改或删除,自然而然地成为审计师眼中的"可信证据"。这一特性极大地简化了审计程序,减少了审计师对传统证据验证环节的依赖,从而显著提高了审计效率,使得审计工作能够更快速地响应互联网经济下快速变化的企业环境。更进一步,区块链技术促进了审计证据的实时共享,有效降低了审计过程中的信息不对称问题。在传统审计模式下,审计师往往需花费大量时间与企业各部门沟通协调,以获取所需的审计资料。而区块链技术通过构建一个共享的数据平台,使得审计师能够即时访问到链上的所有相关信息。这不仅加快了审计进程,还帮助审计师更全面地了解企业的运营状况,及时发现潜在的风险点,为企业的财务健康与合规性提供了更加精准的审计保障。此外,区块链的追溯性特性为审计师追踪交易全过

程提供了可能,确保了审计证据的完整性与连续性。在区块链上,每一笔交易都被记录在一个连续的区块中,形成了一根清晰的交易链条。审计师可以通过这根链条,从源头到终点,逐步追溯每一笔交易的细节,确保审计证据的全面覆盖,无遗漏、无断层。这一特性对于复杂交易或跨期交易的审计尤为重要,它帮助审计师构建起对交易全貌的深入理解,为发表准确、客观的审计意见奠定了坚实基础。

三、区块链技术在审计过程优化中的作用

区块链技术通过提高审计数据的可追溯性和透明度,为审计师构建了一条清晰的信息追踪路径。在区块链网络中,每一笔交易都被时间戳标记并记录在不可篡改的分布式账本上,审计师能够轻松追溯到交易的源头,验证其真实性与合法性,有效解决了传统审计中数据追溯难、信息不透明的问题,极大地提升了审计的精准度与可信度。进一步地,区块链技术的智能合约功能为审计自动化开辟了新天地。智能合约,作为区块链上的自动化执行协议,能够在满足预设条件时自动触发审计程序,无须人工干预。这一特性不仅降低了审计过程中的人为错误与操作风险,还显著提高了审计效率,使审计师得以从烦琐的手工操作中解脱出来,专注于更具分析性与判断性的审计任务。智能合约的引入,标志着审计流程向智能化、自动化迈出了坚实的一步,为审计行业的转型升级提供了强大动力。此外,区块链技术还促进了审计资源的优化配置。在传统审计模式下,审计师往往需要投入大量时间与精力处理低风险的常规交易,而高风险领域则可能因资源有限而得不到

充分关注。区块链技术的应用,通过自动化处理常规交易审计,使审计师能够将更多精力聚焦于高风险领域,进行深入的审计分析与风险评估,从而提升审计效果,增强审计报告的价值。这种资源优化配置,不仅提高了审计的效率与效果,还促进了审计行业的专业化与精细化发展。

四、区块链技术在审计风险控制中的应用

(一)区块链技术提升审计数据真实性与完整性

区块链技术,以其去中心化与不可篡改的独特属性,正在审计领域掀起一场深刻的变革,为互联网经济下的会计创新策略提供了强有力的技术支撑。在审计数据的真实性与完整性保障方面,区块链技术展现出了无与伦比的优势。从交易数据的生成到存储,每一个环节都在区块链的严密监控之下,确保了数据的透明与不可更改。这一特性,如同一道坚固的防线,将数据篡改与伪造的风险降至最低,为审计工作的准确性与公正性筑起了坚实的基石。通过区块链记录的交易信息,审计人员能够轻松追溯到数据的源头,对每一笔交易进行详尽的验证。这种从源头到终端的追溯能力,不仅增强了审计人员对交易真实性的信心,还有效防止了虚假交易或错误记录的出现,为企业的财务健康与合规性提供了有力的审计证明。在互联网经济背景下,这种高效、准确的审计方式,对于维护市场秩序、促进公平竞争具有重要意义。此外,区块链的分布式账本特性,为审计数据的完整性与可用性提供了双重保障。在区块链网络中,数据并非集中存储于单一节点,而是分布在多个

节点上,形成了冗余的备份机制。这意味着,即使部分节点数据遭受破坏或丢失,也能迅速从其他节点恢复,确保审计数据的连续性与完整性。这一特性,不仅提高了审计工作的效率,还为审计风险控制奠定了坚实的基础,使得审计人员在面对复杂多变的互联网经济环境时,能够更加从容不迫,精准识别并应对潜在的风险点。

(二)区块链技术增强审计过程的透明度与效率

在互联网经济与会计创新策略的交织下,智能合约成为连接技术与审计的桥梁,其自动执行特性彻底改变了传统审计的作业模式。智能合约,作为区块链上的自动化协议,能够精准地按照预设规则,自动触发审计流程中的关键环节,如账目核对、异常交易检测等,这一变革极大地减少了审计过程中的人工干预与主观判断,确保了审计活动的客观性与公正性,为审计质量的提升奠定了坚实基础。与此同时,区块链技术的实时更新特性,为审计人员提供了前所未有的数据获取优势。在传统审计模式下,审计人员往往需要等待数据汇总或财务报告生成后,方能开展审计工作。这一过程不仅耗时冗长,还可能因数据滞后而错失发现风险的最佳时机。然而,在区块链网络中,交易数据一旦产生即被实时记录并传播至全网,审计人员能够即时获取到最新的、经过验证的交易信息,无须等待,直接加速了审计流程,显著提升了审计效率。这种透明高效的审计模式,不仅提升了审计的响应速度,更为审计风险控制带来了革命性的改变。通过实时监控交易数据,审计人员能够迅速识别并响应潜在的财务风险与合规问题,及时采取措施予以纠正,有效降低了风险控制的成本与时间成本。同时,区块链的不可篡改性确保了审计数据的真实性与完整性,为审计证据的收集与保存提供了可靠保障,进一步增强了审计结论的说服力与可信度。

第七章　互联网经济下的会计服务模式创新实践

第一节　"互联网+会计服务"模式的创新路径

一、"互联网+会计服务"的基本理论

(一)"互联网+会计服务"的定义

"互联网+会计服务",作为互联网经济与会计创新策略融合的典范,巧妙地将互联网技术与会计服务紧密结合,通过信息技术的强大力量,对传统会计服务模式进行了全面革新。它不再局限于线下的人工操作与纸质文件传递,而是以互联网为载体,实现了会计服务的线上化、远程化与智能化,极大地提高了会计工作的效率与灵活性。在"互联网+会计服务"的框架下,企业可以享受到包括财务核算、管理咨询、税务申报等多维度、一站式会计服务。这些服务通过云端平台实时同步,不仅确保了数据的准确性与时效性,还使得企业能够根据自身需求灵活选择服务内容,实现了会计服务的个性化与定制化。相较于传统会计服务,"互联网+会计服务"展现出了无可比拟的便捷性、高效性与低成本优势,企业无

须再为烦琐的会计工作投入大量人力物力,而是能够集中资源于核心业务,加速企业的转型升级步伐。此外,"互联网+会计服务"还促进了会计信息的透明化与共享化,加强了企业内部各部门以及企业与外部利益相关者之间的沟通协作,为企业的决策支持提供了更加全面、精准的数据基础。

(二)"互联网+会计服务"的现状分析

1. 市场规模不断扩大

在互联网技术的浪潮之下,会计服务行业正经历着一场前所未有的变革,"互联网+会计服务"的市场规模伴随着企业需求的激增而逐年攀升。这一趋势不仅反映了企业对高效、便捷会计服务的迫切需求,也预示着会计行业正逐步迈向数字化、智能化的全新阶段。众多创业公司敏锐地捕捉到了这一市场机遇,纷纷进入"互联网+会计服务"领域,以其灵活的经营模式、创新的技术应用和个性化的服务方案,挑战着传统会计服务机构的地位。传统会计服务机构面对这股新兴势力,并未选择故步自封,而是积极寻求转型之路,力求在互联网经济的大潮中站稳脚跟。它们通过引入先进的数字化工具、优化服务流程、提升专业素养,不断增强自身的竞争力,力求在激烈的市场竞争中保持领先地位。这种转型不仅体现在服务方式的创新上,还在于对传统会计业务模式的深刻反思与重构,旨在通过互联网技术实现会计服务的智能化、自动化和远程化。在这场变革中,会计创新策略成为推动行业发展的关键力量。一方面,企业纷纷探索云计算、大数据、人工智能等先进技术在会计服务中的应用,以期通过技术手段提高会计处理的准确性和效率,降低运营成本,提升客户满意度。另一方面,会计服务机构也在积极拓展服务范围,从单一的账务处理向财务咨询、税务筹划、风险管理等多元化服务转型,以满足企业日益增长的个性化需求。

2. 服务内容日益丰富

"互联网+会计服务",不仅仅局限于基础的财务核算、报表编制等日常会计业务,更是深入拓展至财务咨询、税收筹划、内部控制等高附加值领域,满足了企业在不同发展阶段、不同业务场景下的多样化需求。在"互联网+会计服务"的体系中,财务咨询成为企业战略规划的重要参考。专业的会计服务团队,依托互联网平台的海量数据与先进分析工具,能够为企业提供市场趋势预测、成本控制优化、投资决策分析等深度咨询服务,帮助企业把握市场脉搏,优化资源配置,提升经营效率。同时,税收筹划服务通过精准的制度解读与个性化的税务规划,助力企业合法合规地降低税负,提高资金利用效率,增强企业的财务稳健性。此外,内部控制服务的强化,是"互联网+会计服务"对企业风险管理能力的有力提升。借助互联网技术,会计服务团队能够协助企业建立健全内部控制体系,实时监测财务活动,及时发现并纠正潜在的财务风险,确保企业财务数据的真实性与完整性,为企业的健康发展保驾护航。"互联网+会计服务"的这种全面升级,不仅体现了会计行业对互联网经济的积极响应,也展现了会计创新策略的前瞻性与实践性。它打破了传统会计服务的局限,将会计工作的重心从基础处理转向高价值创造,为企业提供了更加专业、高效、个性化的会计服务解决方案,推动了企业会计工作的数字化转型,促进了企业管理水平的提升与核心竞争力的增强,成为互联网经济时代企业会计创新发展的重要方向。

3. 技术创新不断涌现

云计算技术,以其强大的数据处理能力和灵活的远程访问特性,彻底打破了传统会计服务的地域限制。会计服务提供商得以通过云端平台,实现远程数据处理与存储,不仅极大地提高了工作效率,还为企业提供了更加便捷、即时的会计服务。企业无须再受限于地理位置,即可享受到专业、高效的会计支持。这对于跨地域经营的企业而言,无疑是一大福音。大数据技术则在会计服务领域发挥着挖掘客户需求、优化服务方案的关键作用。通过收集、分析企业运营过程中的海量数据,会计服务机构能够深入了解企业的财务状况、经营特点与潜在风险,从而提供更加精准、个性化的服务。这种基于数据的洞察能力,不仅帮助会计服务机构更好地满足企业需求,还促进了会计服务向智能化、定制化的方向发展,提升了整个行业的服务水平。区块链技术,则以其独特的去中心化、不可篡改特性,为会计信息的可信度与安全性提供了有力保障。在区块链上,每一笔交易都被记录在一个不可更改的区块中,确保了会计信息的真实性与完整性。这种技术特性,极大地降低了会计信息被篡改或伪造的风险,增强了投资者、监管机构对企业财务信息的信任度。同时,区块链的透明性与可追溯性,也为会计审计、风险管理等领域带来了新的可能,推动了会计服务的创新与升级。

二、"互联网+会计服务"模式的创新路径探索

(一)技术驱动创新

云计算技术的融入,为会计服务带来了颠覆性的变革。它打破了传统数据处理的地域与时间限制,实现了会计数据的云端存储、高效处理与深度分析。这一转变,不仅极大地提升了会计信息处理的速度与准确性,还显著降低了企业在硬件设施与运维人员上的投入成本,使得会计服务更加灵活、便捷,为企业轻装上阵、聚焦核心业务提供了可能。与此同时,大数据技术在会计服务领域的应用正逐渐深化,其潜力与价值日益凸显。通过对企业内外部海量数据的挖掘、整合与分析,大数据技术能够揭示出隐藏在数据背后的经营规律与市场趋势,为企业的财务决策提供精准、科学的依据。无论是成本控制、预算管理,还是投资决策、风险管理,大数据技术都能提供有力的数据支持,助力企业实现精细化管理,提升财务决策的效率与效果。此外,区块链技术作为一种新兴的分布式数据存储技术,其对会计服务的影响不容小觑。区块链的不可篡改性与透明性,为会计数据的真实性与可信度提供了强有力的技术保障。在区块链网络中,每一笔会计交易都被记录在一个不可更改的区块中,且所有交易信息对授权用户公开透明,这有效防止了财务造假现象的发生,增强了会计信息的公信力。同时,区块链的智能合约功能还能自动执行合同条款,降低交易成本,提高会计服务的自动化与智能化水平。

（二）业务模式创新

"互联网+会计服务"的兴起，为会计行业带来了业务模式上的深刻创新。其中，在线财务共享服务中心、财务众包模式以及财务外包服务的拓展尤为显著，共同推动了会计服务的数字化转型与效率提升。在线财务共享服务中心，作为"互联网+会计服务"的一大亮点，通过高效整合企业内外部的财务资源，实现了财务业务的集中化、标准化处理。这一模式不仅极大地提高了财务工作的处理速度，还通过规模效应降低了企业的运营成本。财务共享服务中心就像一个高效的财务工厂，将原本分散在各业务单元的财务任务集中起来，通过专业化的分工与协作，实现财务流程的优化与效率的飞跃，为企业的财务管理提供了强有力的支持。财务众包模式，则是一种充分利用互联网平台与社会资源的新型会计服务模式。企业可以将内部的财务任务，如账务处理、报表编制等，发布到专业的财务众包平台上，由外部的专业团队或个人完成。这种模式打破了传统会计服务的界限，让企业能够灵活调配财务资源，根据实际需求快速找到合适的服务提供者，从而在保证财务服务质量的同时，降低了人力成本，提高了财务管理的灵活性。财务外包服务，在互联网的推动下，也迎来了新的发展机遇。传统的财务外包主要聚焦于基础的账务处理，而如今的财务外包服务，则涵盖了更广泛的业务领域，如税务筹划、财务咨询、风险管理等。"互联网+会计服务"的外包模式，不仅为企业提供了更多元化、专业化的财务服务选择，还通过线上沟通与协作，实现了服务的高效对接与交付，使得企业能够更专注于核心业务的发展，提升市场竞争力。

（三）服务方式创新

移动互联网技术的飞速发展，为会计服务插上了翅膀，使得企业财务人员不再受限于办公室，而是能够随时随地处理财务业务，无论是审核单据、录入账目，还是进行财务分析，都能在手机、平板等移动设备上轻松完成。这一变革不仅极大地提高了会计工作的效率与灵活性，还促进了企业财务管理的即时性与响应速度，为企业决策提供更加及时、准确的数据支持。与此同时，人工智能技术的崛起，为会计服务带来了革命性的突破。智能财务软件、智能审计等创新应用，凭借强大的算法与数据分析能力，能够自动完成大量重复性、标准化的会计工作，如自动对账、智能分类、异常检测等，大大减轻了财务人员的工作负担，提高了财务数据处理的准确性与效率。更重要的是，人工智能还能通过学习不断优化自身性能，为企业提供更个性化、更精准的会计服务，推动会计行业向智能化、高端化迈进。此外，虚拟现实技术作为新兴的技术力量，其在会计服务中的应用前景同样令人瞩目。未来，通过虚拟现实技术，财务人员有望实现远程协同办公，即使在不同的地点，也能如同身临其境般进行实时沟通与合作，共同处理复杂的财务问题。这种跨越时空的协作方式，不仅能够进一步提升会计服务的效率与质量，还能促进团队间的知识共享与协同创新，为会计行业的持续发展注入新的活力。

第二节　远程会计服务与在线支持的实施策略

一、在线支持系统的设计与实现

（一）在线支持系统的作用与功能

在在线支持系统中,会计服务不再受限于地理位置,而是借助于先进的技术平台,实现了跨时空的高效协作。系统内置的实时咨询与解答功能,犹如一座桥梁,连接着用户与专业会计团队,无论是复杂的税务筹划,还是日常的账务处理,用户都能即刻获得精准指导,大大缩短了问题解决的时间周期,提升了工作效率。用户问题反馈机制能够鼓励用户分享使用体验,无论是赞誉还是建议,都成为服务提供商改进服务的宝贵依据。通过分析这些反馈,企业可以及时调整服务策略,修正潜在问题,确保服务质量与用户需求的同步升级,从而在激烈的市场竞争中保持领先地位。资料共享功能则打破了信息孤岛,促进了信息的透明化与流通性。用户可以随时上传或访问会计资料,无论是电子发票、银行对账单,还是财务报告,都能够在云端安全存储,便于随时查阅与审计。这种即时性不仅增强了用户对业务进程的掌控感,也便于会计团队高效协作,减少信息传递不畅造成的延误或错误。业务流程跟踪功能则为用户提供了从任务提交到完成的全链路可视化管理,用户能够清晰看到每一步会计处理的进展,包括待办事项、已完成任务及预计完成时间,这种透明度极大地提升了用户的信任度与满意度。同时,对于会计服务提供商而言,这也是一种自我监督与效率提升的有效手段,有助于及时发现并解决流程中的瓶颈,确保服务的高效与准确。

(二)在线支持系统的技术选型与架构

在当今互联网经济蓬勃发展的背景下,会计行业的创新策略与系统架构的升级密不可分,为了顺应这一趋势,构建一个高效、稳定的在线支持服务系统成为关键。系统基于 B/S(浏览器/服务器)架构设计,这一选择不仅降低了客户端的维护成本,还极大地提升了系统的可扩展性和兼容性,使得跨平台、跨设备的访问成为可能。用户无论身处何地,使用何种设备,都能轻松接入系统,享受便捷的会计服务。技术选型方面,系统采用 Java 作为开发语言,其强大的跨平台能力、丰富的 API 支持以及良好的性能表现,为系统的稳定性和高效性奠定了坚实基础。数据库则选用 MySQL,其开源、易用、高效的特点,能够满足系统对大数据量处理和高并发访问的需求。同时,通过优化 SQL 查询、使用索引等策略,进一步提升数据库性能,确保数据处理的高效和准确。为了增强系统的互操作性和灵活性,系统融入了 WeB Service 技术。这一技术使得不同系统间的数据交换和集成变得更加容易,为会计服务的创新提供了更多可能性。例如,可以与其他财务软件或业务系统无缝对接,实现数据的自动同步和共享,提高会计工作的效率和准确性。

（三）在线支持系统的关键模块设计与实现

1. 用户管理与认证模块

用户管理与认证模块作为在线支持系统的基石,其设计与实施在互联网经济背景下显得尤为重要,它不仅是保障会计服务安全性的首道防线,也是推动会计创新策略落地的技术支撑。该模块集用户注册、登录验证、权限分配及认证管理于一体,通过构建统一的认证/授权服务体系,确保用户数据的精确性与安全性,为远程会计服务的高效运行奠定坚实基础。在用户注册环节,系统引导用户通过专属页面录入必要信息,随后执行严格的验证流程,以确认信息的真实性与完整性。一旦验证通过,系统将为用户生成独一无二的标识符,即用户 ID,作为后续登录与身份验证的关键凭证。登录过程中,用户需输入用户名与密码,系统则通过与后台数据库的比对,快速准确地完成身份验证,既保障了账户安全,又提升了登录效率。用户角色管理是该模块的又一核心功能,它依据用户的工作职责与服务需求,将用户划分为不同角色,并据此分配相应的系统访问权限。这一设计确保了用户仅能访问与其角色相匹配的资源,有效避免了信息泄露与误操作的风险,增强了系统的安全性与可控性。面对互联网经济下日益增长的用户量,该模块还融入了后台负载均衡管理机制,通过智能分配访问请求,实现用户分流与资源访问的优化配置。

2. 数据存储与处理模块

作为在线支持系统的核心组件,数据存储与处理模块承载着数据存储、高效查询、深度分析及自动化处理等多重任务,为企业的财务管理与决策支持提供坚实后盾。为应对海量数据处理的挑战,该模块巧妙融合云计算与虚拟化技术,构建起灵活高效的数据存储架构。云计算技术不仅实现了资源的按需分配与弹性扩展,还确保了不同学习过程与教学资源的存储隔离与应用共享,极大提升了资源利用率与系统响应速度。虚拟化技术则进一步细化了资源颗粒度,使得存储与计算资源能够更精准地服务于各类业务场景,满足企业对数据处理能力的动态需求。在数据处理方面,模块支持对销售额、成本、收入、税务及银行等多维度数据的全面管理,通过构建高效的数据索引与查询机制,确保数据检索的迅速与准确。同时,模块内置的数据分析功能借助先进的数据分析工具与技术,深入挖掘用户购买行为、使用习惯等关键信息,为企业制定精准的市场策略与经营决策提供了数据支撑。为提升数据处理效率并降低人力成本,模块采用了自动化处理技术,从数据收集、清洗、转换到报告生成,全程实现自动化操作,既保证了数据的精确性与透明性,又显著提升了数据处理效率。这种设计不仅减轻了会计人员的工作负担,还促进了会计工作的智能化转型,使会计人员能够更多地参与到企业的战略规划与决策支持中。

3. 人工智能与自动化模块

面对日益严峻的网络安全挑战,该模块通过一系列先进技术与严格管理制度的融合,构建起全方位的安全防护体系,为会计服务的数字化转型保驾护航。其核心在于采用加密的网络传输协议,确保数据在传输过程中的安全无虞。这一举措有效防止了数据在传输途中被截取或篡改,为信息的完整性与保密性提供了坚实保障。同时,建立严格的访问权限管理制度,依据用户角色与服务需求,精细划分访问权限,确保数据仅能被授权人员访问,大大降低了内部数据泄露的风险。实时监控与预警功能通过持续监测网络活动,使系统能够及时发现异常行为与安全漏洞,并迅速触发预警机制,通知相关人员进行处理。这种主动防御策略,不仅提升了系统对安全事件的响应速度,也有效遏制了潜在的安全威胁,保护了企业的核心资产与用户数据。数据加密技术的应用,则是保护用户敏感信息的关键,该模块采用行业领先的加密算法,对用户的个人信息、交易记录等敏感数据进行加密处理。

二、实施策略与操作流程

(一)远程会计服务的市场定位与目标客户

远程会计服务在市场定位上,精准聚焦中小企业、初创公司及个人创业者,这一策略紧密贴合了互联网经济下新兴经济体对高效、便捷、安全财务解决方案的迫切需求。这些客户群体普遍面临资源紧张、成本控制严格以及专业会计知识匮乏的挑战,而远程会计服务正是为了破解这些难题而生的。中小企业与初创公司,在快速发展过程中,往往难以负担全职会计团队的高昂成本,同时,它们对于财务管理的专业性与规范性又有着不可忽视的需求。远程会计服务通过云端平台,以灵活的合作模式,提供了从日常账务处理到税务筹划、财务分析报告等一站式服务,既减轻了企业的财务负担,又确保了财务管理的专业性与合规性。对于个人创业者而言,时间与精力往往集中在业务拓展与产品创新上,财务管理往往成为被忽视的角落。远程会计服务的介入,为他们填补了这一空白,从账目记录到税务申报,全程在线处理,让创业者能够专注于核心业务,无须为烦琐的财务工作分心。为了实现这一目标,远程会计服务需深入洞察不同客户群体的具体需求,通过大数据分析与客户反馈机制,不断优化服务流程与内容,提供高度定制化的财务解决方案。

(二)远程会计服务的推广与宣传策略

利用互联网平台的广泛覆盖与高效传播特性,开展线上营销活动是首要之选。可通过搜索引擎优化(SEO)技术,提升服务在搜索结果中的排名,增加曝光率,吸引更多潜在客户的关注。同时,借助社交媒体推广,发布有价值的内容,与用户进行互动,构建品牌社群,增强用户黏性,逐步扩大品牌影响力。与行业内的合作伙伴建立紧密的合作关系,则是拓展市场的另一有效途径。通过共同举办线上线下活动,如行业论坛、研讨会、交流会等,不仅能够汇聚更多行业资源,还能在交流中展示各自的专业优势,相互借力,共同提升品牌知名度。这种合作模式既拓宽了市场渠道,又促进了行业内的交流与合作,为远程会计服务的推广奠定了坚实基础。此外,撰写专业文章、发布行业报告也是展示专业实力、吸引潜在客户的重要手段。通过深入分析行业动态、解读制度法规、分享成功案例,不仅能够彰显服务团队的专业素养与实战经验,还能为客户提供有价值的参考信息,增强客户对服务的信任与认可。这些专业内容的传播,不仅能够吸引潜在客户的关注,还能逐步树立起行业内的权威形象,为远程会计服务的市场拓展增添助力。

(三)远程会计服务团队的建设与管理

在互联网经济的大潮中,会计服务的数字化转型不仅要求团队成员具备扎实的专业素养,更需掌握远程工作的高效技巧。因此,选拔环节尤为重要,应聚焦于那些既拥有深厚会计知识,又熟悉在线协作工具的候选人,他们能够快速适应远程工作环境,为客户提供无缝对接的专业服务。

内部培训是提升团队整体实力的不二法门,定期组织线上研讨会、实操演练及最新会计法规的学习,不仅能够帮助团队成员持续更新知识体系,还能激发创新思维,探索会计服务的新模式。可通过模拟真实工作场景的训练,增强团队成员解决实际问题的能力,确保服务质量始终保持在行业前沿。

高效的管理机制是团队协作的基石,建立一套科学的工作流程,明确各环节的责任与期望成果,结合灵活的考核机制,既能激励团队成员积极贡献,又能确保工作目标的顺利达成。考核不应仅局限于任务完成度,还应涵盖团队协作、客户反馈及创新能力等多个维度,以促进团队全面发展。

沟通与交流是团队凝聚力的源泉,在远程工作模式下,更应重视团队间的日常互动。可利用视频会议、即时通信工具及团队建设活动,增进成员间的了解与信任,构建积极向上的团队文化。鼓励开放式的沟通,无论是工作难题还是创新想法,都能得到及时分享与讨论,形成知识共享与思维碰撞的良好氛围。

（四）远程会计服务的质量控制与风险防范

为确保服务质量,必须制定严格的服务标准,对会计处理流程实施规范化管理。这包括明确各环节的操作规范、设定关键控制点、建立标准化的报告体系等,以确保每一步操作都有章可循,减少人为错误,提升服务的一致性与可靠性。同时,积极引入大数据分析、人工智能等先进技术手段,是提升会计处理准确性和效率的关键。大数据分析能够深入挖掘数据背后的价值,为决策提供科学依据,而人工智能则能自动化处理重复性高、规则明确的会计任务,减轻人工负担,提高处理速度。这些技术的应用,不仅提升了会计处理的精准度,还促进了会计工作的智能化转型。在风险防范方面,数据安全保护是重中之重。需采取加密技术、访问控制、定期备份等措施,确保客户信息在传输、存储、处理过程中不被泄露或篡改。此外,建立健全的风险评估和预警机制同样重要。可通过对业务流程、技术环境、法律法规等多方面的风险进行定期评估,及时发现潜在风险点,并制定相应的应对措施。同时,建立预警系统,对可能出现的风险进行实时监控,一旦触发预警条件,立即启动应急响应,确保远程会计服务能够稳定运行,不受风险影响。

第三节　共享会计服务平台的运营模式与案例分析

一、运营模式探讨

（一）平台运营的基本要素

共享会计服务平台,作为互联网经济浪潮中涌现出的一种新型服务模式,正以其独特的价值主张,重塑着会计行业的服务格局。这一平台的运营,依托于几大核心要素的紧密融合与高效协同,共同构建起一个既满足多元化需求,又确保服务品质与合规性的会计服务生态。

用户资源,无疑是平台发展的基石与原动力。它广泛覆盖了各类企业、个体户乃至个人创业者,这些用户对专业、高效、成本可控的会计服务有着迫切需求。正是这些需求的汇聚,为共享会计服务平台提供了广阔的市场空间与持续的发展动力。

服务资源,则是平台核心竞争力的体现。它不仅包括了一支由资深会计人员组成的团队,他们凭借丰富的行业经验和精湛的专业技能,为客户提供定制化服务;还涵盖了经过优化的服务流程与标准化的服务规范,确保每一次服务都能达到高质量标准。

技术支持,为平台的稳定运行与持续创新提供了坚实后盾。云计算、大数据分析、人工智能等前沿技术的融入,不仅提升了服务效率,还使得平台能够更精准地理解用户需求,预测市场趋势,从而不断优化服务内容与形式。

运营团队，是平台日常运作的指挥中枢。他们负责市场调研、产品迭代、用户服务、市场推广等一系列关键任务，通过精细化管理与创新营销策略，不断扩大用户基础，提升品牌影响力。

监管机制，则是平台合规经营与可持续发展的守护神。它不仅要求平台严格遵守相关法律法规，还建立了完善的服务质量监控体系，确保每一笔交易都透明、公正、合法，从而赢得用户的信任与市场的认可。

（二）盈利模式分析

在互联网经济的浪潮中，共享会计服务平台作为一种新兴的会计服务模式，正逐步展现出其强大的市场潜力与盈利能力。其盈利模式多元化，主要涵盖会员服务费、交易佣金、增值服务收入及广告收入四大板块，共同构成了平台稳健发展的经济基础。

会员服务费作为平台的基础收入来源，为用户提供了专业且全面的会计服务。平台根据用户需求，设计了灵活的收费模式，如按月、按年等周期，既满足了不同用户的个性化需求，也确保了平台收入的稳定性。这一模式不仅体现了平台的专业性，也通过合理的定价策略，吸引了大量用户的加入。

交易佣金则是平台在用户与服务提供者之间成功交易后，依据一定比例收取的费用。这种盈利模式不仅激励了服务提供者提升服务质量，也促进了平台交易量的增长，形成了良性循环。通过交易佣金的设定，平台实现了与用户、服务提供者的共赢，进一步巩固了其在市场中的地位。

增值服务收入是平台盈利的重要组成部分,涵盖了财务咨询、税收筹划等高端服务,以及会计软件、培训等多元化服务。这些增值服务不仅丰富了平台的服务内容,也提升了平台的专业形象与用户黏性。通过提供高质量的增值服务,平台得以在激烈的市场竞争中脱颖而出,吸引更多高端用户的关注。

广告收入则是平台利用自身流量与品牌影响力,为企业提供广告推广服务所收取的费用。这一盈利模式不仅为平台带来了额外的收入来源,也通过广告投放,增强了平台与企业的互动与合作,为平台的长期发展奠定了坚实基础。

(三)服务模式创新

共享会计服务平台,在互联网经济的浪潮中,以创新思维为引领,对传统会计服务模式进行了深刻变革,主要体现在三大方面,共同构建了一个高效、智能、个性化的会计服务新生态。

其一,平台打破了空间限制,实现了线上线下一体化服务的无缝衔接。用户只需在线上轻松提交会计服务需求,即可线下享受到由专业会计人员提供的面对面服务。这种融合模式,既保留了传统会计服务的人文关怀与专业性,又充分利用了互联网的便捷性,让用户能够随时随地获取所需服务,极大地提升了服务体验与效率。

其二,平台深度融合大数据分析技术,为用户提供了更为精准、前瞻的财务建议与决策支持。通过对海量财务数据的深度挖掘与分析,平台能够洞察市场趋势,预测财务风险,为企业量身定制财务优化方案,助力企业在激烈的市场竞争中保持财务健康,实现可持续发展。

其三,人工智能技术的引入,更是将会计服务推向了一个新的高度。平台利用 AI 技术,实现了财务报表的自动生成、智能审核等一系列自动化操作,不仅大幅提高了服务效率,还减少了人为错误,确保了数据的准确性与合规性。此外,AI 还能根据用户的历史数据与行为习惯,智能推荐个性化的会计服务方案,让服务更加贴心、精准。

(四)技术支持与安全保障

共享会计服务平台在互联网经济的推动下,正逐步成为会计行业的新势力,其背后离不开云计算、大数据、人工智能等先进技术的强力支撑。云计算技术为平台赋予了前所未有的弹性与可扩展性,使得计算资源能够根据用户需求实时调整,轻松应对业务高峰与低谷,确保了服务的高效与稳定。这一技术的运用,不仅降低了平台的运营成本,更极大地提升了用户体验,为平台的快速发展奠定了坚实基础。

大数据技术则是平台精准服务的核心。通过对海量用户数据的深度挖掘与分析,平台能够准确把握用户需求,提供定制化的会计服务方案。这种以用户为中心的服务模式,不仅增强了平台的竞争力,也促进了会计服务的创新与升级。大数据技术的运用,让平台在激烈的市场竞争中,始终保持着敏锐的洞察力与前瞻力。

人工智能技术则进一步提升了平台的服务效率与智能化水平,通过自动化处理重复性高、规则明确的会计任务,人工智能不仅减轻了会计人员的工作负担,还显著提高了处理的准确性与速度。这一技术的引入,使得平台能够在保证服务质量的同时,有效降低人力成本,实现规模效益。

在享受技术带来便利的同时,平台深知用户数据安全的重要性。因此,平台严格遵循国家相关法律法规,采取了包括加密技术、防火墙、安全审计在内的多重安全措施,确保用户数据在传输、存储、处理过程中的绝对安全。此外,平台还加强了内部管理,通过规范员工行为、定期开展安全培训等方式,有效防范了内部风险,为用户数据安全提供了全方位、多层次的保障。

二、平台功能与用户需求

(一)核心功能模块设计

共享会计服务平台的基础架构始于用户注册与登录功能,这一环节不仅是用户接入服务的门户,也是平台进行用户管理与后台数据统计的基石,为后续提供个性化服务、优化资源配置奠定了坚实的数据基础。会计服务模块,作为平台的绝对核心,涵盖了财务报表编制、税务申报、审计服务、财务管理咨询等一系列专业服务。这些服务通过线上化、标准化的流程,不仅确保了服务的高效执行,还极大地拓宽了服务范围,使得无论是中小企业、初创公司还是个人创业者,都能轻松获取专业且成本可控的会计支持。特别是在税务申报方面,平台利用自动化工具与最新税法数据库的同步更新,有效避免了税法变动而导致的申报错误,确保了企业的税务合规性。为满足用户日益增长的个性化需求,平台进一步增设了预约服务、在线咨询、进度查询等辅助功能模块。预约服务让用户能够根据自身时间安排,提前锁定会计专家的服务时段,避免了等待与延误;在线咨询则提供了一个即时沟通的平台,无论是简单的财务咨询还是复杂的税务筹划,用户都能迅速获得专业解答;进度查询功能则让用户能够实时掌握服务进展,增强了服务的透明度与可控性。

(二)用户需求分析

面对小微企业、个体工商户、创业者等多元化用户群体,平台需深入市场一线,开展细致入微的用户需求调查,以全面了解他们在会计服务领域的真实需求与痛点。这一过程不仅要求平台具备敏锐的市场洞察力,更需借助互联网经济的优势,运用大数据、人工智能等先进技术,对用户行为、偏好进行深度剖析,从而绘制出精准的用户画像。通过数据分析的放大镜,平台能够清晰地看到用户最为关心的几个核心要素:服务价格、服务质量、办理速度。在服务价格方面,平台需权衡成本与效益,制定合理的收费标准,既要确保服务的经济性,又要保障平台的可持续发展。这要求平台不断优化成本结构,提升运营效率,以更具竞争力的价格吸引用户。服务质量则是平台的生命线,平台应聚焦用户体验,提供专业、高效的会计服务,确保每一项服务都能精准满足用户需求,解决用户痛点。这包括但不限于财务报表编制、税务筹划、资金管理等多个维度,平台需构建完善的服务体系,确保服务质量的全面提升。在办理速度方面,平台应充分利用互联网技术的优势,实现会计服务的线上化、自动化,大幅缩短服务周期,提升用户满意度。

（三）用户体验优化

共享会计服务平台,在追求会计服务创新与效率的同时,优化用户体验成为提升平台竞争力、增强用户黏性的关键所在。界面设计作为用户接触平台的第一扇窗,其重要性不言而喻。平台应遵循简洁明了的设计原则,确保界面布局清晰、色彩搭配和谐,符合大众审美与使用习惯。操作按钮应直观易懂,减少用户学习与适应的成本,让用户能够迅速上手,享受流畅的服务体验。在功能操作层面,平台需不断迭代优化,简化服务流程,剔除冗余步骤,以技术赋能提升办理速度。例如,通过智能化工具实现财务报表的自动生成与审核,减少人工干预,缩短服务周期,让用户能够更快地获得所需结果,降低等待时间带来的焦虑与不便。同时,平台还应注重服务的连贯性与稳定性,确保用户在任何时间、任何地点都能享受到一致且高质量的服务体验。客户服务是提升用户体验不可或缺的一环,平台应建立多渠道、全方位的客户服务体系,包括在线解答、电话咨询、邮件支持等,确保用户在使用过程中遇到的任何问题都能得到及时、专业的解决。特别是在处理复杂财务问题时,平台应提供专业的会计顾问团队,为用户提供一对一的咨询与指导,增强用户的信任感与依赖度。

（四）用户满意度评价

在互联网经济的大背景下,平台需构建一套完善的用户满意度评估体系,以数据为驱动,持续优化服务,推动会计服务的创新与升级。定期进行满意度调查,是获取用户真实反馈、洞察服务短板的有效途径。平台应设计科学合理的调查问卷,覆盖服务价格、响应速度、专业能力、系统稳定性等多个维度,确保调查结果的全面性与准确性。通过定期收集与分析用户反馈,平台能够迅速识别问题所在,及时采取措施进行改进,不断提升用户的满意度与忠诚度。数据分析在用户满意度提升中扮演着至关重要的角色,平台应运用大数据技术,对用户反馈进行深度挖掘,了解用户对各个功能模块的满意度分布,以及不同用户群体的需求差异。基于这些宝贵的数据洞察,平台可以有的放矢地优化产品功能,调整服务策略,确保服务更加贴近用户需求,提升整体服务质量。此外,设立用户评价体系是增强平台透明度、提升信誉度的有效手段。平台应鼓励用户对所享受的服务进行公开、客观的评价,无论是好评还是差评,都应视为宝贵的改进建议。这些评价不仅为其他用户提供了选择服务的参考依据,也促使服务提供者不断提升自身水平,形成良性循环。平台应确保评价系统的公正性、安全性,防止恶意刷评等行为,维护评价体系的可信度。

第四节　定制化会计服务的市场需求与响应机制

一、市场需求分析

(一)企业对定制化会计服务的需求动机

在当前瞬息万变的经济环境下,企业对定制化会计服务的需求日益凸显,这一趋势背后蕴含着深刻的动因,主要与经营效率、法规监管及市场竞争三大方面紧密相关。企业为追求更高的经营效率,深知财务资源的有效管理与运用是提升竞争力的关键。定制化会计服务,凭借其精准对接企业需求、灵活调整服务内容的能力,能够帮助企业实现财务流程的优化,减少不必要的开支,从而在不增加成本的前提下,显著提升经济效益。这不仅是对传统会计服务的一次革新,更是互联网经济下,企业追求精细化管理的必然结果。与此同时,随着法规环境的日益严格,企业对合规性的要求也达到了前所未有的高度。专业的定制化会计服务,能够确保企业在复杂的税法、会计准则变化中保持敏锐的洞察力,及时调整财务策略,有效规避法律风险,为企业稳健发展保驾护航。这种服务模式的出现,正是互联网经济背景下,会计行业积极响应市场需求,通过技术创新提升服务质量的体现。此外,市场竞争的加剧促使企业对财务数据的依赖程度不断加深。准确、及时的财务数据,是企业决策制定的基石。定制化会计服务,通过运用云计算、大数据分析等先进技术,能够实时跟踪企业财务状况,提供深入的财务分析,为企业战略调整、市场拓展提供有力支持。这不仅增强了企业的市场响应速度,还提升了其在激烈市场竞争中的决策质量与执行力。

(二)不同类型企业对定制化会计服务的需求差异

在互联网经济的蓬勃发展中,企业因其规模、行业属性、发展阶段的不同,对定制化会计服务的需求呈现出显著差异。大型企业,作为市场中的领航者,对会计服务的要求全面且系统。它们不仅追求精准高效的财务核算,更重视内部控制的严密与风险管理的有效。这要求共享会计服务平台能够提供涵盖财务规划、税务筹划、成本控制、内部审计等多个维度的综合服务,助力大型企业稳固财务根基,实现可持续发展。相较于大型企业,中小型企业因资源有限,更加注重成本效益。它们在选择会计服务时,倾向于简约而实用的方案,期望能以较低的成本满足基本的财务管理需求。共享会计服务平台需灵活调整服务内容,提供模块化、可定制的服务选项,让中小型企业能够根据自身情况,选择最适合的会计服务组合,实现资源的最优配置。初创企业,作为市场的新生力量,对会计服务的灵活性与扩展性有着极高的要求。在快速发展的业务环境下,它们需要会计服务能够迅速响应市场变化,支持业务模式的灵活调整。共享会计服务平台应利用云计算、大数据等先进技术,打造高度灵活、易于扩展的服务架构,为初创企业提供即时可用的会计解决方案,助力其快速成长,稳健前行。面对这些差异化的需求,共享会计服务平台需不断创新服务模式,深化技术应用,构建多层次、多维度的服务体系。通过精准定位不同企业的需求痛点,提供个性化、定制化的会计服务,平台不仅能够满足企业的实际需求,更能在激烈的市场竞争中脱颖而出,推动会计服务的互联网化、智能化进程,为企业的数字化转型贡献力量。

(三)市场需求趋势及潜在增长点

随着市场环境的不断演变,定制化会计服务正逐步成为企业发展的新宠,这一趋势的背后,是我国经济持续发展与产业升级的强力驱动。随着企业规模的扩大与业务范围的拓展,财务管理的重要性日益凸显,企业对会计服务的需求也从单一的标准化服务,向更加灵活、个性化的定制化服务转变。这一变化不仅体现了企业对财务管理精度与深度的追求，也是互联网经济下，企业对服务效率与质量要求的直接反映。与此同时，创新创业浪潮的兴起，特别是中小企业数量的快速增长，为定制化会计服务提供了广阔的市场舞台。这些企业往往资源有限，更需精准、高效的会计服务来支持其快速发展。定制化服务能够针对企业的实际需求，提供量身定制的解决方案，帮助企业优化资源配置，提升财务健康度，从而在激烈的市场竞争中脱颖而出。技术的革新，尤其是云计算、大数据等新兴技术的应用，为会计服务行业的转型升级提供了强大动力。这些技术不仅极大地提升了会计服务的处理速度与准确性，还使得服务机构能够更深入地挖掘企业财务数据，提供更加智能化的财务分析与决策支持。技术的融合应用，让定制化会计服务变得更加高效、便捷，更好地满足企业的个性化需求，推动了市场需求的持续增长。此外，跨界融合与产业链整合也为定制化会计服务带来了新的发展机遇。会计服务机构通过与金融、法律、咨询等领域的深度合作，能够为企业提供更加全面、一站式的服务，助力企业实现财务与业务的深度融合，提升整体竞争力。这种跨界融合的趋势，不仅拓宽了会计服务的边界，还促进了会计行业与其他行业的协同创新，共同推动互联网经济下的会计服务向更高层次发展。

二、响应机制构建

（一）会计服务机构的能力提升

为满足企业对定制化会计服务的迫切需求，机构必须着力于自身能力的全面提升,这不仅仅意味着要加强专业人才的培养,构建一支具备深厚会计知识、熟悉互联网技术的复合型人才队伍,更要在服务质量上精益求精,确保每一项服务都能精准对接企业需求,实现高效、准确的会计处理。服务范围的拓展同样至关重要,会计服务机构需打破传统界限,将服务触角延伸至财务管理、税务筹划、内部控制、风险评估等多个领域,为企业提供全方位、一站式的会计解决方案。这不仅要求机构具备跨领域的知识整合能力,更需不断创新服务模式,利用互联网经济的优势,实现服务的线上化、智能化,以满足企业日益增长的个性化需求。同时,会计服务机构应时刻保持对行业动态的敏锐洞察,紧跟市场趋势与技术变革。尽管不直接提及制度法规,但机构需具备快速适应制度环境变化的能力,确保服务始终符合最新标准与要求。这要求机构建立高效的信息收集与分析机制,及时将行业动态、技术革新转化为服务升级的动力,为企业提供最具前瞻性、专业性的会计服务。通过不断提升自身能力,会计服务机构不仅能够在激烈的市场竞争中稳固地位,更能以更加贴心、专业的定制化服务,赢得企业的信任与依赖。

(二)技术创新与服务模式创新

在互联网经济的浪潮中,大数据、云计算、人工智能等前沿技术的融合应用,已成为会计服务行业转型升级的关键。这些技术不仅为会计服务机构提供了强大的数据处理与分析能力,使其能够更高效地处理复杂的财务信息,降低成本,还促进了服务效率与质量的双重提升,为企业带来更加精准、及时的财务支持。技术的革新,必然要求服务模式的与时俱进。传统会计服务模式,如单一的线下服务、固定的服务流程,已难以适应现代企业快速变化的需求。因此,会计服务机构需积极探索并实践新的服务模式,以线上服务为突破口,打破时间与空间的限制,为企业提供7×24小时的会计支持。建立云端会计服务平台,实现财务数据的实时传输与处理,让企业能够随时随地掌握财务状况,提升决策的灵活性与响应速度。共享服务中心作为一种创新的服务模式,也在会计服务领域展现出巨大潜力。通过整合多方资源,建立统一的服务平台,共享服务中心能够为企业提供一站式、标准化的会计服务,降低企业的运营成本,同时提升服务的一致性与专业性。这种模式不仅促进了会计服务行业的规模化发展,还为企业提供了更加便捷、高效的会计解决方案,满足了其对个性化服务的追求。

(三)个性化服务方案的设计与实施

为满足企业日益增长的定制化需求,机构需深入企业肌理,全面了解其业务模式、运营状况及未来发展规划。这一过程不仅仅是简单的信息收集,更是对企业需求的深度挖掘与精准把握。会计服务机构应充分利用自身专业知识与行业经验,结合企业特点,量身定制一套涵盖财务规划、税收筹划、内部控制等多方面的一站式服务方案。个性化服务方案的核心在于"量身",机构需根据企业的实际情况,灵活调整服务内容,确保每一项服务都能精准对接企业需求,解决其痛点问题。无论是帮助企业优化资金配置、降低税务成本,还是完善内部控制体系、提升风险管理能力,会计服务机构都应发挥自身优势,为企业提供最具针对性的解决方案。此外,会计服务机构还需与企业建立紧密的沟通机制,确保服务方案的顺利推进与有效落地。这包括定期的进度汇报、问题反馈与解决方案调整,以及不定期的专题研讨与培训交流。通过持续的互动与协作,机构能够及时了解企业需求的变化,动态调整服务策略,确保服务始终与企业的发展步伐保持同步。在互联网经济的背景下,会计服务机构还需不断创新服务模式,利用云计算、大数据、人工智能等先进技术,提升服务的智能化、线上化水平。这不仅能够提高服务效率,降低运营成本,更能为企业带来更加便捷、高效的服务体验。通过深度融合技术与专业,会计服务机构将为企业打造更加个性化、智能化的会计服务生态,共同推动会计行业的创新发展与转型升级。

(四)响应市场需求的策略与措施

建立完善的市场调研机制是首要任务,通过持续跟踪行业动态、深入分析企业需求,会计服务机构能够准确把握市场脉搏,及时调整服务方向与内容,确保服务始终与企业需求同频共振。这要求机构不仅要有敏锐的市场洞察力,更要具备高效的信息收集与分析能力,以便在激烈的市场竞争中占据先机。内部管理同样不容忽视,会计服务机构需不断优化服务流程,通过引入先进的管理理念与技术手段,如流程自动化、智能化工具等,提高服务效率与质量。同时,强化质量控制体系,确保每一项服务都能达到高标准,满足企业的严苛要求。这不仅是对服务能力的考验,更是对机构管理水平的全面检验。品牌建设是提升市场竞争力的关键,会计服务机构应注重企业形象塑造,通过提供优质服务、分享成功案例、参与行业交流等方式,树立专业、可信赖的品牌形象。良好的品牌形象不仅能够吸引更多客户,还能在无形中增强机构的议价能力,为持续发展奠定坚实基础。创新是会计服务机构持续发展的不竭动力,机构应积极寻求与外部力量的合作,特别是与高校、研究机构等建立紧密的产学研合作关系。通过共享资源、联合研发,会计服务机构能够不断吸收新知识、新技术,推动服务创新,满足市场对定制化会计服务的高层次需求。这种开放合作的模式,不仅促进了会计服务行业的整体进步,也为机构自身带来了无限可能。

参 考 文 献

[1]傅小英.互联网背景下企业财务会计创新策略分析[J].投资与创业,2023,34(23):86-88.

[2]张敏."互联网+"背景下企业财务会计创新的策略分析[J].财经界,2023(05):123-125.

[3]陈晓梅,吴迪.互联网趋势下企业会计新技术应用与人才培养创新[J].商场现代化,2021(16):149-152.

[4]邓芳.互联网背景下企业财务管理模式的创新研究[J].中国集体经济,2021(21):153-154.

[5]段莎.区域经济会计人才培养研究[J].合作经济与科技,2020(11):146-147.

[6]陈丽苹."互联网+"时代下企业会计优化路径的创新性研究[J].纳税,2020,14(12):103-104.

[7]崔德太."互联网+"下的企业会计改革与发展研究[J].纳税,2019,13(30):191,194.

[8]段介夫,姜丹丹."互联网+"经济条件下的企业财务会计创新问题初探[J].商场现代化,2019(13):162-163.

[9]周正南."互联网+"背景下财务会计改革及模式创新[J].现代经济信息,2019(13):241.

[10]郭敏.会计电算化环境下审计工作创新研究[J].纳税,2019,

13(03):136.

[11]吴艳红,伦淑卿.互联网大数据时代对财务会计的影响分析[J].现代商贸工业,2019,40(06):108-109.

[12]易艳红.做好"互联网+财务管理创新"新文章[J].人民论坛,2019(01):108-109.

[13]李舜.互联网企业的财务会计创新策略分析[J].纳税,2018,12(31):150.

[14]路鑫鑫."互联网+"背景下企业财务会计的创新[J].商业会计,2018(19):98-99.

[15]万慧芬.浅谈信息时代下财务会计工作的创新管理[J].纳税,2018,12(26):51,54.

[16]鞠磊.基于"互联网+"背景下企业财务会计创新实践研究[J].纳税,2018(13):148-149.

[17]韩伟."互联网+"时代下企业会计优化路径的创新性研究[J].纳税,2018(10):69,72.

[18]李康.基于"互联网+"企业财务会计创新研究[J].时代农机,2018,45(03):246.

[19]龙国光.互联网+经济条件下的财务会计创新问题[J].现代商业,2017(35):129-131.

[20]汤晓熙.对创新互联网企业财务会计的策略探讨[J].中国集体经济,2017(33):99-100.

[21]徐德菁."互联网+"背景下财务会计与管理会计的融合[J].财经界,2017(29):88.

[22]曾娟.创新互联网企业财务会计的策略分析[J].当代旅游:

高尔夫旅行,2017(05):293.

[23]路惠然."互联网+"时代会计管理的发展与创新[J].企业改革与管理,2017(06):129.

[24]翁馨雨.传统与超越——刍议互联网企业的财务分析变革与创新[J].赤子:上中旬,2016(20):152-153.